はじめてのプラトン
批判と変革の哲学

中畑正志

講談社現代新書
2618

はじめに

ある夜の京都市の地下鉄。ふと車内に目をやると、さほど混んでいるわけではないが、全員がスマホをじっと見つめている。いまや珍しくもない、ありふれた光景である（この最終稿を書いている時点では、そこに「全員マスク」が加わっているが）。

ところがそのときの私には、その様子にプラトンが「洞窟の比喩」で描き出した状況が重なって見えてしまった。人びとが洞窟のなかで拘束されて洞窟の壁に人工的に映し出される事物の影だけを見るように強いられている、という有名な比喩だ。

地下鉄の乗客と洞窟内の囚人の状況は、ともに地下の世界のことだという以外には、重なるところはあまりない。だから、「洞窟の比喩」を説明するために都合のよい場面に出会えたと思ったわけではなかった。

しかしこれが、プラトンがこの比喩を語るときに何に向き合っていたのかを私なりに実感できた瞬間であった。彼には当時のアテナイの人びとの現実が、まさにそう見えていた。そのような状況を相手にして、観察し、考え、そして変えること。それがプラトンの課題であったのだ。彼のトレードマークであるイデア論も魂の教説もそれに向けての思考の成果である。

おもしろくて大切なところ

本書は、タイトルが示すように、プラトンの純然たる入門書である。プラトンの入門書や概説書は、日本にかぎっても次々と出版されており、玉石混淆とはいえ、なかにはたいへん優れたものもある。だから、そうしたたぐいの本を自分で書きたいと思うことはなかった。

しかし編集者の方から誘いを受けて少し類書を覗き、そしていま述べたような経験をして、思い直すところがあった。プラトンの哲学には、まだ紹介に値するところ、別の語り方ができるところがある。それはまた、私にとってプラトン哲学のおもしろいところであり、同時にプラトンにとっても大切なところではないか、と。

その「おもしろくて大切なところ」をあえて一言で表わせば、「**批判と変革の哲学**」だ、と言いたい。こんなふうに表現すると、プラトンを旧式の左翼の一員に仕立てているように聞こえそうだ。だが、これは特定の政治的立場を表わそうとしたものではない。「**批判**」つまりクリティークとは、非難したり否定的な態度をとったりすることではなく、相手とする主張の論拠やそこからの帰結などについてよく考察し、事の是非を判断することを言う。「**変革**」も、政治体制だけではなく、日常的な考え方や生活を含む人間の営みの全体がその対象となる。そしてプラトンは「批判と変革」を自身の思考についても実践していた。――これらすべての意味で、「批判と変革の哲学」なのだ。

だが、このことはこの本の全体を通じてより深く掘り下げて論じるべきことなので、これを高く掲げることはまだ控えておこう。

偉大な哲学書第一位

プラトンの名前を知っている人なら、それと一緒に彼が哲学の歴史にとって重要な人物の一人らしいことも了解しているだろう。その認識は正しい。いや、おそらく、そう認識されている以上にプラトンは重要である。

その重要性を語るのによく引用されるのが、イギリスの哲学者・論理学者で、思想の歴史にも造詣が深かったホワイトヘッドの言葉だ。「西洋哲学の歴史を記述するうえで最も安全なやり方は、それがプラトンへの一連の脚注からなっているというものだ」と彼は語った。つまり、哲学の歴史は、プラトンが示した考えやとりくんだ問題を、後の時代の人びとがそれぞれに受けとめて論じてきた歴史として考えるのが適切だ、ということだ。

もちろん、プラトンが「哲学」を始めたりつくったりしたわけではない（そもそも哲学をはじめとした思考の営みに特定の「起源」を求めるような考え方を、ニーチェやフーコーとともに疑ったほうがよいと思う)。しかしプラトンは、その当時はまだ流動的だった「哲学」(ピロソピアー)という言葉に、理論的な内実と社会的な営みとしての地位を与えた。これによって「哲学」は、現代までつづく歴史を展開していくための翼を得たのだ。

だから、西洋の哲学史の伝統を見直そうとしたり、刃向かったり、あるいはそこから逃れようとする人びとは、しばしばその手がかりや相手をプラトンに求める(現代の哲学に関心がある人なら、デリダにとっての『パイドロス』、ラカンにとっての『饗宴』、フーコーにとっての『アルキビアデス』、バディウにとっての『国家』を思い浮かべてほしい)。

とはいえ、知的な権威の存在が疑われがちな現代では、大学者の権威よりも数量的な証拠のほうが説得力があるかもしれないので、もう一つ資料を提供しよう。

二〇〇一年、イギリスの哲学情報誌『フィロソファーズ・マガジン』(The Philosophers' Magazine)は、過去の偉大な哲学書を選ぶ投票を実施した。投票者の多くが英語圏に属していたとはいえ、一〇〇〇人以上の哲学研究に携わる人びとが投票したので、選出結果はかなりの説得力をもつ。その第一位に輝いたのがプラトンの『国家』だった。私の大学時代の指導教官はプラトンの徒であることを自負していたので、その結果に、「どうだ!」と言わんばかりの顔をしていたのを想い出す(ちなみに二位は順当にカントの『純粋理性批判』だが、三位がダーウィンの『種の起源』で、これが哲学書かと物議を醸した）。

このように、哲学の歴史のなかでのプラトンの地位は揺るぎない。プラトンと肩を並べるような、人によってはそれ以上に偉大だと評価するような哲学者もいるだろう。しかしプラトンの場合には、他の偉大な哲学者にはあまりみることのできない現象がある。

人気作家プラトン

だれもが「私のプラトン」をもっている——。

以前に来日したイギリスのあるプラトン学者が、会話の中で何気なくこんな言葉を口にした。印象的な言葉だったので、いまでも私の記憶に残っている。私自身には、プラトンの哲学には普遍的な意義がある、という想いもあるのでこの言葉に少し抵抗も感じるが、他方で、プラトンという哲学者のもっている特質の一つを言い当てていることもたしかである。こんな言葉で語ることのできる哲学者はめったにいないからだ。

ほかの有名どころの哲学者、たとえばデカルトにしても、カントにしても、「私の〜」なんていう表現はあまり似合わない。プラトンに学んだアリストテレスなどは、むしろこんな言い方からは最も遠い存在かもしれない。「私のアリストテレス」なんて、一種の形容矛盾のようだ。

この「私のプラトン」という言葉には、知的な敬意だけでなく、ある種の個人的な感情、アイドルに対する憧れや愛着（ときには反発や嫌悪）と似たような想いが含まれている。事実、そのことを証するように、プラトンは、たんに哲学の歴史に決定的な影響を与えただけでなく、読む者を動かし、広範な人びとの実生活にまで影響を及ぼしてきた。

プラトンが広く影響を及ぼした背景には、まず、彼が時代や地域、読者の階層を問わず、広く読まれた哲学者だということがある。すでに紀元前一世紀にローマの政治家キケロは、主としてプラトンの書物を念頭に置いて、「必ずしも賛意を示す者や熱心な信奉者たちだけが読むのではなく、万人が読む」こと、そしてこの点で他の哲学者たちの著作の場合とは異なると語っている（『トゥスクルム荘対談集』第二巻八節）。

また、ストア派の哲学者エピクテトスは、二世紀初めの頃に、ローマでは女性たちがプラトンの著作『国家』を手にして、女性の共有という主張に興味を持って読んでいると報告している（断片一五）。イスラム世界を含めて、西洋では中世から近代、そして現代に至るまで、多少のはやり廃りはあったにせよ、プラトンは広く読まれてきた。

また、これは西洋だけの現象ではない。たとえば日本でも、古今東西の古典を揃えた岩波文庫のなかで、思想系で最も刷数を重ねているものの一つはプラトンの『ソクラテスの弁明』だという。プラトンはデビュー当時からいままで、ずっと人気作家だったのだ。

ナチス、ネオコンの解釈

読む人が多ければ、さまざまな見方や解釈が生まれてくるのはごく自然なことである。しかし、プラトンの場合は理解の振り幅がきわだって大きい。

解釈の振り幅と思い入れがとくに目立つのは、政治の世界のなかでのプラトンである。たとえば、ナチス・ドイツに荷担した哲学者たちは、プラトンの哲学は自分たちの思想の重要な源泉であると唱えた。一部のプラトン研究者たちは、プラトンの描く理想国はナチスが構築しようとする全体主義国家の原型であり、ヒトラーは現代に蘇ったプラトンだとまで主張している。ハイル・プラトン！

あるいはアメリカ合衆国のブッシュ（ジュニアのほう）政権を支えた「ネオコン（ネオ・コンサーバティブ）」、つまり「新保守主義者」と呼ばれた人びとがいる。ドナルド・トランプの派手な政治的立ち回りのおかげでいささか影が薄くなっているが、彼らネオコンたちはイラクによる大量破壊兵器の保有という虚偽の情報にもとづいてイラクを空爆するなどの仕事をおこなったことで記憶されねばならない。この点では、「ポスト・トゥルース」（真実後ないし真実軽視）的と呼べる政治手法の先駆者といってもよい。

そうした政策の中心となった国防副長官ウォルフォウィッツや保守派の論客らは、ユダヤ人哲学者のレオ・シュトラウス、そしてアラン・ブルームをはじめとするシュトラウスの弟子たちの思想的影響を受けていると指摘されてきた。シュトラウスとブルームらは、その政治思想の重要な部分を独自のプラトン解釈に依拠している。思想的な系図をつくるなら、プラトンは、シュトラウス→（ブルーム→）ネオコンという系譜の祖として、ネオコンの祖父ないし曾祖父だという見立てもできるかもしれない。

もちろん、親ナチス的な読み方に対してもシュトラウス派の読み方に対しても、その恣意性や杜撰《ずさん》さを指摘するのは、容易である。しかし、そのように読まれたことには、考えるべき問題がある。

前者の親衛隊的解釈は、突然現われたエイリアンではない。当時のドイツの国家体制とプラトンの政治思想を重ねて読もうとする試みは、当時の正統的人文学者たちのなかにも見出すことができる。

またシュトラウスのプラトン解釈も、多くのプラトン研究者からは無視され、一部の研究者からは批判されてきたが、シュトラウス派の思想は、微妙に姿を変えつつ、現在でも政治と哲学において隠然とした影響を与えている。日本でも、細々とではあるが継続的に紹介がおこなわれ、一部の保守層からの関心も寄せられている。

したがって、このようにプラトンが読まれたこと、そして現在も読まれていることを受けとめ、その意味を考えることも、プラトンをよく理解するために一つの手がかりとなる。この本の最後に、こうした人びとの読み方に触れるであろう。

政治の民主化とプラトン

事例の挙げ方が右よりになってしまったが、右翼的だったり好戦的だったりする人びとだけがプラトンを好んだわけではない。ドイツでもナチスに先行して、一九世紀末から二〇世紀にかけては社会主義ないし社会民主主義者としてプラトンを解釈する論者もいた。さらに一九世紀前半の英国に目を向けるなら、別の事例を目にすることができる。

このころ、功利主義の祖であるベンサムをはじめとした「哲学の急進派」（フィロソフィック・ラディカル）と呼ばれる人びとが、男子普通選挙権の実現やさまざまな社会改革のために活躍した。その重要な一員であったジョージ・グロートやジョン・スチュワート・ミルといった人びとは、プラトンの重要性を指摘し、それぞれ独自のプラトンについての理解を自分自身の政治的理念と結びつけていた。

彼らによって、プラトンは体系的な思想の主導者というより真理の探究者、そして社会改革者として注目された。プラトンは民主主義的な思想の一つの源泉ともなったのだ。

現代のプラトン研究においても、こうしたプラトンの読み方は、受け継がれている。その著作が対話篇であり、劇作品に類似している形式に注目し、その哲学の「ドグマティックでない」「批判に開かれている」といった性格を強調するのは、その代表的事例であろう。これはこれで、現代の西欧社会において尊重される価値観が反映された読み方である。もちろん、プラトンがはたしてそのような口当たりのよいリベラルな立場に回収できるかどうかは、あらためてよく考える必要があるけれども。

ラディカルにしてポピュラー

他方で、こんな生臭い世界とは異なる伝統においてはまったく別のプラトンが生きてきたことも忘れてはならない。

たとえば、プラトンについては何も知らない人でも、「プラトニック」あるいは「プラトニック・ラブ」という言葉には馴染みがあるだろう。「プラトニック」という形容は、もともとは「プラトンの」あるいは「プラトン的」という意味であり、プラトニック・ラブとはプラトン的な恋（エロース）のことである。

実は、その概念のもとになった『饗宴』での描写では、「恋」は相手が男女のいずれであるかを問わずその肉体の美しさを求めるところから始まるのだが、いまでは「精神的」「肉体関係を伴わない」といった意味で使われる。そして「プラトン的」なものをこのように受けとめるのも、プラトンの解釈のなかの伝統の一つである。

　プラトンの描く恋や魂の不死の観念は、ロマン主義の思想家や詩人たちにとってインスピレーションの源だった。文学や芸術の世界では、プラトンは、政治的な文脈での物騒な存在とは異なり、ときには幼児のように自然で無垢《むく》な存在ともなる。「小さな子供たちはみんなプラトニストなのだ。この子たちをアリストテレス主義者にしてしまうのはその教育である」と、あるロマン派のキリスト教社会主義者は語っている。

　このように、プラトンの影響は、哲学や思想の世界に対してだけでなく、人びとの考え方や感じ方、そして政治から芸術にまで及んでいる。

　どうしてそうなのか。それはこの本のなかでおいおい明らかにしていくつもりだが、おおまかなガイドラインを示しておこう。プラトンは探究し、執筆し、そして教育した。そうしたなかで彼が直面していたのは、森羅万象を支える根本原理は何か、よい生き方とは何か、といった「哲学的」問題だけではない。

　当時の人びとに人気を博したホメロスや悲劇・喜劇、あるいは幼年や少年時に施される体育や音楽の教育といった人びとの日常的営みに対してもプラトンは向き合っていた。いやむしろ、そこから哲学を考えていた。そして彼は、**日々の暮らしから世界の根源にいたるまでの全体を相手に、批判的に、かつ包括的に考えた**のだ。

そして同時に、そのような考察がたどり着いたところを広く伝えることに腐心した。彼は一般に人びとに何かを伝える媒体（メディア）のあり方にきわめて意識的だったが、とりわけ自分自身の思考が人びとに届くよう工夫を凝らした。その著作に、それに触れる人びとの知性と感性にも訴え、**反省的な思考だけでなく感情や想像力までも喚起し、そしてそれらを変更する力を与えた**のである。それが彼の哲学、「批判と変革の哲学」である。

この本の狙い

以上のような認識から、私はこの本を書いた。ただしプラトンの「おもしろくて大切なところ」は数多くありそのすべてを巡礼するのは不可能なので、ある程度的を絞ってわかりやすく伝えることを優先した。その結果、プラトンの後期の著作については詳しく紹介することを断念した。後期著作でのプラトンの思想的展開を追うためには、そしてその「おもしろくて大切なところ」を味わうためには、まず本書で取りあげたプラトン哲学の基本を踏まえることが必要だと考えたからだ。

とはいうものの、哲学で「おもしろくて大切なところ」は、たいていの場合、ゆっくりと考えることを求める。そこで、プラトンの哲学のなかで単純に語ることのできない部分にもあえて立ち入って、少し詳しく説明することを試みた。その場合も平明に語るように努めたが、最終的には、「すべてはできるかぎりシンプルに、ただしシンプルすぎることのないように」というアインシュタインが語ったとされる精神に従っている。

そんなわけで、「はじめてのプラトン」というタイトルがついているのに、ややこしい話をしていると思われるかもしれない。でも哲学は、急がないし、急ぐべきではない。哲学は、思考を積み重ねてより深く考え理解しようとする作業である。考えていく過程で視界が一気に開けることもあり、知的な爽快感を味わうことができる。しかしそれも先立つ登山の苦労があってのことだ。入門書だからといって通り一遍の概説や教訓めいた話ですますことは、プラトンへの案内としても、哲学にかかわる本としても、おそらく最悪の選択だろう。

そんなつもりで書いた結果、もしかするとプラトンの研究者にとっても耳慣れないような「はじめてのプラトン」の部分があるかもしれない。専門家から疑問や批判が寄せられるとすれば歓迎するところである。プラトンのテキストを挟んで大いに議論したい。

この本の構成

さて、前置きはこのくらいにして、さっさと肝心な話に進みたいのだが、プラトンについては、彼が人びとに伝えようとしたメッセージをたどっていくまえに、立ち止まって考えておいたほうがよい問題がある。それはプラトンをどう読むか、ということだ。

プラトンの著作は、論文でもエッセイでもなく、そのほとんどが対話篇という形式で書かれている。実在した政治家や知識人が登場して、やりとりを交わすのだ。プラトンはなぜこの形式を選んだのか。そして私たちはそれをどのように読んだらよいのか。

著作の形式は、プラトンがこれまで読者たちに大きな影響を及ぼすことができたことにも深く関係する。そこで第一章では、まずこの話題を考えてみる。

第二章では、プラトン哲学の原点を確認する。その原点へと導いたのは、知と無知、そして自己知についてのプラトン独自の理解であり、その原点とは、知と真理、そして魂を配慮せよ、という勧告である。それはまた「批判と変革の哲学」の宣言でもある。

プラトンは、この勧告を原点に、そこから思考を大きく展開した。その展開を、この本では二つの思考の線としてたどっていく。一方は「知と真理への配慮」からイデア論という考え方へ連なり、もう一方は、「魂への配慮」を出発点として魂や徳のあり方を追究する。もちろんこの二つは互いに独立ではなく、互いに交錯する。イデア論は魂の理解にかかわるし、徳の理解において知の役割は決定的である。

しかし相対的には区別することが可能であり、そのような見立てを通じて、プラトンの思考を、その「おもしろくて大切なところ」をよりわかりやすく説明できるだろう。

単純化して図示しよう。

知と真理への配慮　↓　イデア論　魂の統一性　次元1

✕

魂のすぐれたあり方への配慮　↓　魂と徳の理論　魂の区分　次元2

第三章では「批判と変革」の武器としての対話という方法を見届けたうえで、第四章と第五章では、この二つの思考の線を追う。そして第六、七章ではプラトンの『国家』を取りあげ、そこに二つの思考の次元の展開を確認する（「次元」と呼ぶのは、その思考に水平的拡がりと垂直的な方向とを認めることができるからだ）。こうした作業を通じて、「批判と変革の哲学」の全体像が浮かび上がるであろう。

そして第八章は、プラトン哲学の受容の歴史である。それが「プラトン主義」として形成されていく過程を瞥見《べっけん》しつつ、その影響の現代的な現われである親ナチス的なプラトン解釈とシュトラウスおよびその一派のプラトン解釈を検討する。こうした読み方と照らし合わせることによって、本書で論じてきたプラトンの哲学の意味が確認できるだろう。

目次

なお、プラトンの著作の参照箇所の指定は、慣行に従い、ステファヌス版のページ数とページ内のabcdeの段落づけにもとづく。

第一章　プラトンはどう書いたのか、プラトンをどう読むか

いまプラトンが書いたなら

いきなりだが、もしもプラトンが二〇二一年に日本で著作を公刊したらどのようなものになるかを想像してみよう。

いまから三〇年から四〇年前、時はバブル景気の頃、つくばセンタービルの一室に、戦後政治体制からの脱却を主張する保守政治家、日本の経済制度を賞賛する経営者、ポストモダンの思想家、さらにはコピーライターやポップカルチャーの担い手たちが集まる（全部実在の人物で実名表示である）。そしてそこにソクラテスが、あるいはそれにかわる人物が加わる（現代でいえば、それは誰だろうか）。

彼らは、互いに接点をもつ近況を報告しながら、日本の経済の活況を背景に、経済的富と文化との関係を論じ始める。日本の伝統文化が豊富な富の産出につながっている、あるいは、差異を楽しむことのできる精神的豊かさがより人びとの欲望を刺激して経済を好転させるといった話をしているところで、ソクラテスはおもむろにその人びとに問う。「豊かさとは何か」「それは人を幸福にするのか」と。

読者は、そこに登場するそれぞれの人物の考え方をおおよそ理解しているだけでなく、その時代とそれを率いた人物たちのその後も了解している。バブルは崩壊し経済は長期低迷に入り、未公開株による政治家の収賄なども判明したりしたが、結局責任はうやむやになってしまった、といったことだ。そうした結末も思い浮かべながら、その発言を読み、受けとめることになる。

ほとんどが対話形式

想像の世界から歴史的事実に話を戻そう。プラトンが実際に書いたものは、西洋古代の著作のなかではきわめて例外的なことだが、現在までそのほとんどが伝えられている。そしてその著作には顕著な特徴がある。

ひとつは、その著作のほとんどが、対話形式で書かれているということだ。しかもそこに登場する人物の多くは実在した人物であり、彼らがやりとりを繰り広げて議論は進行していく。言ってみれば、有名人たちを実名のままキャラクターに使った戯曲に近い。

形式が独特であることは、その作品を手に取ればすぐにわかるが、主題の偏《かたよ》りはかえってはっきり口にされることが少ないかもしれない。それは、作品の大部分が、人の生き方や政治や社会のあり方を中心的な話題としているということだ。いま書店では哲学や哲学史、あるいは古典の棚に収められているプラトンの作品を、時代を無視して主題別に分類するなら、その大部分は「倫理」や「政治」の棚か、書店によっては「人生論」などの棚に収められるかもしれない。

この対話篇という形式と倫理的あるいは政治的であるという内容の特徴は、実は緊密に結びついている。その理由を考えるためにも、まずその大部分が対話篇という形式をとっていることに注目することから始めよう。

実名戯曲としての対話篇

対話篇の形式を、もう少し具体的に説明しよう。それぞれの作品では、まず、対話がおこなわれる特定の時と場所が選ばれる。対話がおこなわれた時は、同時代ではなく、三〇年から四〇年ほど遡ることが多い。場所は体操場であったり、知識人たちの集う富裕な人物の家であったり、アテナイの市内を流れるイリソス川のほとりであったり、あるいはソクラテスが死を迎えようとする牢獄であったりする。

そのような場所でさまざまな人物たちが話をかわすが、登場する人びとの多くは、実在の人物であり、ソフィストのプロタゴラス、弁論家のゴルギアス、あるいは武将のニキアスなど当時の著名人も多い。現代に置き換えれば、大物政治家、著名な知識人、あるいはトップの官僚などだ。彼らが互いに同意したり異論を唱えたり、ときには皮肉やあざけりをもまじえながら、対話は進行する。

だから、人気作家のプラトンが二四〇〇年後の現代に蘇って久々の新作を書けば、先に想像した架空対話のようになる。

このようにプラトンは、それぞれの著作で異なる話題を取りあげて、それらにあわせて登場人物や対話の場所、日時も入念に設定している。そのためソクラテスを除くと、対話篇ごとに登場人物が入れ替わる場合が多い。要するに、著作の一つ一つが独自の緊密な構成をもつ作品である。

著者の不在

だが、そこに、プラトンが著者として登場することはなかった。「プラトン」という名も、よく知られているように、(書簡を別とすれば) 彼の作品のなかでは、あわせて三回そっと書き記されているだけである。『ソクラテスの弁明』では裁かれるソクラテスの側に立つ聴衆の一人として二度言及され、また『パイドン』では、ソクラテスが死を迎えるときに牢獄に親しい人びとが集ったにもかかわらずプラトンは不在だったと報告されているのがすべてである。

著者自身が「私」という一人称で語るという、通常の哲学の論文であればまったく当然の書き方をプラトンは採用していない。この特異性は、プラトンと同時代人の著作家クセノポンの作品と比べると、いっそう際だつ。クセノポンもプラトンと同じように、いくつかの著作でソクラテスを主人公とした対話を描写しており、そのうち『ソクラテスの弁明』と『饗宴』という二つの著作は、プラトンのものとタイトルまで同じである。

しかしそうした著作のいずれにおいても、冒頭でクセノポン自身は「私」として語り始める。つまり著者としてソクラテスの描写を通じて何を伝えようとしているかを告げる。たとえば、クセノポンの『ソクラテスの弁明』は次のように始まる――「私は、ソクラテスが裁判に呼び出されたときに、ソクラテスが自分の弁護と、そしてまたその生涯の最後についてどのように熟慮したのかを記憶に留めておくに値すると考える」。著者のメッセージは明確である。

これと比べると、自分の存在を作品から消し去ろうとするかのようなスタイルが、プラトンが意識的に選択したものであることは明らかだろう。プラトンは、「私」として登場して読者に直接何かを語りかけようとはしない。プラトンが書いたとされる『書簡』は、伝えられている十三編のなかにプラトン自身の書いたものが含まれているとすれば例外となるが、その場合でも形式上はプラトンが語りかけているのは、読者ではなくその手紙の宛名の主である。

林達夫による批判

この著作の形式はたしかに、プラトンという哲学者の独自性を際立たせている。このことを無視してプラトンを読もうとすれば、次のような痛罵が浴びせられる。

> 私の考えでは、プラトンの『対話篇』に対する正しいピント合わせをさまたげている最大の敵であり妨害者は、所謂哲学史家と称する一群のわけのわからぬ手合いである。この人々の取柄はといえば、思想家とその思想とをばらばらに切り離して、およそ見る影もないものにするという歪曲と骨抜きとに妙を得ていることである。プラトンの場合について言うならば、彼等は先ずプラトンを近代的意味での「哲学者」という狭い範疇に押し籠めることによって歪曲の第一歩を踏み出す。次に彼等は、プラトンの『対話篇』は彼がその哲学的教説を……発表したいわばその容器であって、人はその中から彼の思想体系をたぐり出そうと思えば容易にたぐり出せると思い込んでいる点で、今度は見当違いの迷宮入りをやっている。
>
> （林達夫「『タイス』の饗宴——哲学的対話文学について」）

戦後の日本において知的リーダーだった林達夫の言葉である。林の断罪は続く。プラトンの著作が対話篇であることの意味をよく考えずに「プラトン及びプラトン主義について語ることは、思うにおよそ彼の真意に反するいわばプラトンへの冒瀆《ぼうとく》行為であるといわなければならない。——ところが、世の常の哲学史家は、多くこの冒瀆行為の常習犯なのである」と。

爽快かつもっともな指摘である。それぞれの対話篇で登場人物たちが論じている主題について、プラトン自身が何らかの見解をもっていたことは疑えないし、また自分自身の考えをストレートに著述する形式の文書は、当時でもすでに広く流布していた。

それにもかかわらず、プラトンは、「私はこう考える」というスタイルではなく、登場人物たちの対話という著作の形式をとったのだ。

教説の特権化の回避

プラトンは、この形式を通じて、自身が著者として特権化されることを拒否している。現在に比べて、プラトンの時代には書物自体がはるかに貴重であり、それを執筆したり公にしたりできることは、知的なエリートの証でもあった。まして、多くの読者を獲得し、またアテナイに学園まで設立しているプラトンの社会的地位を考えるなら、プラトンが著書のなかで「私」と一人称で何かを語れば、ある種の権威がそこに発生することは避けがたい。読者が自分自身でよく吟味せず、プラトンの書というだけでその内容を無批判に受容する可能性は少なくなかった。

もともと著者・作者（author）であることと権威（authority）とは、密接な関係にある。後者の直接の語源であるラテン語 **auctoritas** は、「作者」と「権威」の意味を併せもっていた。そしてこの言葉が早くからその両方の意味で使用されたのは、まさにプラトンとその著作に対してである（キケロ『アカデミカ』I.17）。

しかし著者としては直接何も語らず、彼以外の多くの人びとがそれぞれの立場から問答を繰り広げるのであれば、そこに書かれていることを、ただたんにプラトンが書いたという権威に依拠して受け入れる（あるいは権威に反発して批判する）ことはできない。自分自身の存在を作品から消すことによってプラトンが期待するのは、対話で問われていることを権威に頼らず、読者が自分自身で考えながら読み進めることである。

多重的な声とともに伝える

じっさいに対話篇を読むなら、これがプラトンの考えだろうか、などと探る以前に、まずそこに響く複数の声を聴くことを余儀なくされる。プラトンの作品は、最小限でもソクラテスともう一人の人物のやりとりがあり、多くの場合ソクラテス以外に二人以上の主要登場人物が、自分自身の主張を展開するからだ。

そうしたそれぞれの声の持ち主は、ソクラテスの主張のための噛ませ犬ではない。登場人物の多くは著名人であり、それぞれの見解にはそれなりの背景と理由がある。それは伝統的な価値観の反映であることもあれば、それを否定する過激な主張であったりもする。

たとえば、『ゴルギアス』でソクラテスと激しく敵対するカリクレスは、世間一般の倫理は奴隷道徳にすぎないと断じ、彼自身の考える「自然の正義」を力強く述べ立てて、君主道徳の賞揚者ニーチェを喜ばせた。その言葉の迫力は、プラトンがその主張をいったんは自分の考えとして引き受けて、カリクレスの言葉として記していることを示している。

生に密着したやりとり

そしてプラトンは、読者自身がその対話に巻き込まれるように書いた。

それぞれの作品で論じられる中心的な問いは、いきなりポンと提出されるわけではない。またそれは、世界は存在するか、道徳的な正しさとは何か、というような哲学的大問題のかたちをとってはいない。一般の人びとが関心をもつ具体的な話題から、作品の中心となる問いへと話は展開する。

たとえば『ラケス』では、最初の話題は、青年となった息子の教育方法を案じる親たちが、重武装して戦う技術の模範演技を見ながら、この技術を息子たちに学ばせるべきかどうか、という問いから始まって、「勇敢さとは何か」という問いに話題が展開する。『クリトン』では、獄中にいるソクラテスに対して友が脱獄を勧めることから、法と行為の正しさが問われていく。

話題に対する登場人物たちの配置も巧みである。勇敢さを論じる『ラケス』では、アテナイの著名な将軍であるニキアスと軍人として名をはせたラケスが問答をかわしている。いまなら、制服組のトップと保守的リベラルの応酬のようなものだ。

あるいは、『プロタゴラス』では、徳の教育が論じられるが、最大のソフィスト（人びとに知を授けることを約束して報酬を得る知識人）であるプロタゴラスが、我こそが徳を教育する者であると自信満々に語り、それに若者が期待する様子が描かれている。

いまプラトンを読んでも、あまり実感が湧かないのは、このキャラクターの実名表示の効果であろう。対話の設定された年代は、多くの場合同時代より若干遡るとは言え、その名前のもつ生々しさは消えていない。二〇二一年の時点で森喜朗や小泉純一郎、西部邁《すすむ》、麻原彰晃といった面々が実名で登場してやりとりすることを想像してほしい。対話篇に登場する名前は、読者に対してさまざまな想念と感情を喚起させるものだったのだ。

こうして具体的状況のなかで、特定の話題に何らかの仕方で関係する人びとの間でのやりとりを通じて、論じられるべき課題が浮かび上がる。展開される議論や考察も、登場人物たちの信念や生き方に根ざしたものだ。読者には、論じられる主題が、対話する人びとの意見や生き方とともに、丸ごと投げかけられるのである。

そのような意味において、対話篇という形式と、それが倫理や社会のあり方にかかわるという内容とは密接な関係にある。

誠実な読み方

プラトンが以上のようなスタイルを採用している以上、林達夫のいうように、対話篇のなかでソクラテスが語る言葉であっても、それをそのままプラトンの考えの表明だと解することはできない。ソクラテスは、プラトンの師であり多くの作品に登場するが、やはり登場人物の一人に過ぎない。「プラトン」という名を被せてそれだけを特権化することは、対話篇という形式を採用したプラトンの意図に反することになるだろう。

そのため、対話篇という形式を真剣に受け取る人びとは、たとえそれを語るのがソクラテスであっても、表明される特定の考え方をプラトンのものと考えることに慎重である。もっと禁欲的な読者なら、そもそも対話篇のなかにプラトン自身の哲学的見解を読み取ろうとするのは不適切である、と主張するだろう。

プラトンが目指したのは、登場人物間の対話を通じて、提示される問題の考察に読者を巻き込み、自分自身で考えさせるということに尽きるのだ。だから読者は、対話への参加者たちの背景や性格などを考慮したうえで、自分自身もその議論に加わるようにして考えれば、それでよい、ということになる。

これはこれで、プラトンの作品が対話篇であるという事実に対して誠実に向き合った読み方であると言えるだろう。

――しかし、これが、プラトンが読者に求めていた読み方であろうか？

「禁欲的な読み方」の先へ

社会生活を送るうえでは、「誠実さ」はもっと評価されてしかるべき美徳だと思う。けれども、知的世界では、あまりに誠実でまじめな態度というのは、どこか窮屈で、ときには近視眼的であったりする。この場合もそうではないか。

先ほどの読み方が、プラトンが対話の形式で書いたことに対してほんとうに適切な対応なのかどうか、もう少し考えてみる余地がある。というのも、プラトンの著作を読むという行為が、そのような控えめな場所にとどまることを許さないように思われるからだ。

登場人物たちの語った問題を自分で考える、というだけでは、おそらくプラトンの対話篇の読み方としては、何かが欠けている。なぜなら読者は、じっさいには、さらにその先を考えることができるからだ。たとえば、対話という形式を尊重して、どのような文脈のなかで誰が何を語ったのかに注意しながら読むとしよう。

そうすると、次のような問いに誘われるだろう。いったいなぜそのような文脈のなかで、ある特定の人物がそのように語るのだろうか、またその発言はなぜ別の登場人物によってある特定の仕方で受けとめられ、また新たな方向へと展開されていくのだろうか。それぞれの発言はその著作のなかでどのような意味をもっているのだろうか、と。

――このように問いかけ、またそれに答えようとするならば、そのように対話の状況を設定し、ある文脈のなかで特定の登場人物にそのように語らせている存在、すなわち作者ないし著者の存在へと注意は及ぶであろう。つまり、著者がその作品の全体を通じて何を実践し、何を伝えようとしているのかをおのずと考えることになる。

著者は死なず

「著者」や「作者」なる特権的存在はもう死んでいる。読者解放戦線は勝利した。作品は、著者からは独立に、複数の言説が織りあわせられた「織物」(「テキスト」という語のもともとの意味)として読まれるべきだ。――こういう言説は、少し以前にあちこちで唱えられた。だが、少なくともプラトンに関するかぎり、著者の存在にかかわる問いを拒否するならば、かえって対話篇としての読み方は浅いものにとどまってしまうだろう。

なるほど、プラトンの著作は、彼の「打ち明け話」でも、彼の思想の成長と挫折の記録でもない。プラトンは、対話篇という形式を使うことで、それが著者の考えを陳列するショウケースとなることを拒否している。

しかしプラトンが、状況設定や登場人物、そして彼らの発言を巧みに紡ぎ出すことによって、全体としてわれわれに何かを伝えようとしていることは否定しようがない。少なくともそのように想定することによって、われわれはより多くを読みとったり、あるいはより深く考えたりすることができる。

じっさい、登場人物の一つ一つの発言、あるいはその発言のなかの個々の言葉も、それぞれ多くの解釈の可能性をもっている。だからどんな解釈も読む人次第だ、と読者に全権を委任するのではなく、より適切に理解することの可能性を認めるとすれば、特定の文脈で特定の人物にそのように発言させている著者の思考や意図を理解しようとする努力が欠かせない。そのような意味において、読者には積極的な参与が求められている。

読者にとってそのように読むことは、読者の側がもっている解釈の権利の行使という以上の経験となりうる。それは同時に、読者が読むという行為を通じて、あらかじめもっていた見方や価値観を揺るがせられる可能性へと開かれることでもある。

以上の事情を考慮したうえでならば、プラトンが対話篇の著者であることも意味をもつ。そして、その作品のほとんどにおいて対話を導いているのが、プラトンを哲学の活動に促した最大の動因であるソクラテスであることは、それ自体が読者への重要なメッセージである。彼は覆面をかぶったプラトンではないにせよ、そのソクラテスが提示する問いや議論を、著者プラトンはとりわけ重要な考えとして受けとめることを読者に求めていると考えるのは、きわめて自然である。

横断的読み方の可能性

さらに個々の対話篇を横断してプラトンの思考を読み取ることについても、ここまで述べたことの延長線上で考えることができる。

プラトンは匿名作家だったわけではない。むしろその作品がプラトンの名のもとに読まれる——当時の口承文化のなかでは、「読書」はだれかが読み上げるのを聞くという形式のほうが主流だったが——と考えて執筆し公にしたことは疑いえない。

しかもプラトンは、一つの著作を世に問うときに、それ以前の作品を読者たちが読んでいることを想定していた。そもそも他の登場人物が入れ替わるなかでソクラテスがほとんどの作品で中心人物であるというのは、金田一耕助やジェームズ・ボンドのようなシリーズものと似ている。

さらに、プラトン自身が著作のなかで、他の作品との関係について連絡関係を積極的に示唆してもいる。たとえば『ティマイオス』の冒頭では、『国家』の一部の議論を要約して復習したうえで、話がはじまる。『ソピステス』は『テアイテトス』の最後で約束された翌日の対話という設定になっており、その『ソピステス』は『ポリティコス（政治家）』で展開されるべき議論を予告し、事実『ポリティコス』ではその予告が実行されている。つまり三つの対話篇は、登場人物を増やしつつおこなわれた二日間にわたる連続対話という設定である。

またこれほど明示的でないとしても、『パイドン』で「想起説」と呼ばれるアイデアを論じようとするにあたって、先行作品の『メノン』での想起説の説明が参照されていることに読者が容易に気づくような合図が議論に織りこまれている。

さらにいくつかのテーマは、複数の対話篇にわたって取りあげられている。このことは、プラトンにとってそのテーマが考察を積みかさねるに値する問題や議論であることと、そしてそれを読者に伝えようとしていることを示唆している。「イデア論」と呼ばれる考え方も、こうした作品間の連絡や参照関係を追うことを通じて読者によって読みとられたものである。

　プラトンは、個々の対話篇を、それだけで独立し完結したものとして書いているわけではない。当時（紀元前四世紀）の著者と読者との関係を考えるなら、むしろこの点にプラトンという作家としての特徴を認めることもできる。彼は自分の以前の作品を読者が読んでいることを想定して書いた最初期の作家のひとりといって差し支えない。この点でも、プラトンは著者として、読者に対する戦略家だったのである。

複数の声を聴き取る

　もちろん、プラトンの著作を読んでも、プラトンが全体として何を伝えようとしたのかをすぐに理解できるわけではない。その著作のなかでは、さまざまな意見が飛び交う。「プラトンの主張」として特定の考え方を取り出しても、その同じ作品のなかで、あるいは別の作品において、それと対立するように見える（プラトンの）考え方を見出すこともあるだろう。

　しかしプラトンは、そのように書いた。つまり相反する意見や考え方を突き合わせ、ときには衝突させながら書いたのだ。そのように書くことは、そのように考えることでもある。描かれた対話は、プラトン自身が自分自身の内に複数の声を聴き取り、それらのやりとりのなかで、それらを吟味してゆく軌跡でもある。

プラトンの著作は多くの声から編まれている。そのような意味での「織物」としてテキストをつくることを、プラトンはだれよりも見事にやってのけた。だが、プラトンはこれを映画のSFXのような人為的工夫とは考えていなかっただろう。彼にとって、人がものを考える、思考するとは、もともとそのような営みだったからだ。「思考とは、魂が自分自身に対して問いかけ応答したり、肯定や否定をしたりする対話」だとプラトンは語っている（『ソピステス』263e-264a）。彼にとって「考える」ことは、問いを立て答えること、そして肯定あるいは否定することという応答のプロセスを通じての営みなのだ。

プラトンの対話篇はその全体が、彼自身の思考の実践であるとともに、そのようなかたちで読者に届くように編まれた言説である。

プラトンはかく語りき

以上のように、プラトンの対話篇を読むことは、著者であること、読者であること、そして読書という行為について多くのことを考えさせる。

だが、ここで強調したいのは、読者はひるむ必要はまったくないということだ。プラトンは著者と読者の関係についてたしかな考えを持っていたが、しかし何よりも多くの人に読まれ、考えてもらうことを願って書いた。そうすることが、これから見る「批判と変革の哲学」の実践だったからだ。

そもそも、一般の読み手はもちろんのこと、プラトンの研究者であっても、プラトンの著作を読む目的は、ただプラトンを正確に解釈することではない。もちろん杜撰な読解も少なくないから、丁寧に読むことは重要である。

しかし最終的には、「プラトンがこんなこと言っているけど、これってどーなん、なんかおかしくない？」と率直に問いを発し、考えてみることのほうがもっと大切である。そのように考えることこそ、プラトンが望んだことである。自分でプラトンを読み、「プラトンはこう語った、でも私はこう思う」とドンドン発言すればよいのだ。それこそが、多くの人が手に取り読めるように書いたプラトンの求めていたことでもある。

この本が提示するのは、そんな精神で私が読んで考えてみたプラトンである。だから、私が読んだかぎりでのプラトンではあるが、それを「私のプラトン」とは言わないでおく。そう呼びたくなる部分がプラトンにはあるとしても、それは各人がそれぞれ胸に秘めておけばいい。「私の」といった留保抜きで公共的に議論したいプラトン、そんなプラトンを紹介しようと思う。

コラム1　プラトン年譜

以下の年譜は、プラトンのいくつかの伝記的資料と「第七書簡」と呼ばれるプラトンの手紙にもとづく。後者の真贋《しんがん》は論争の的だが、その情報の多くは信頼できると考えられる。

生誕

プラトンは、紀元前四二七年に、父アリストン、母ペリクティオネの間に生まれた。兄にアデイマントスとグラウコン、妹（または姉）にポトネがいる。父方は古代ギリシアの伝説の王コドゥロスにつながり、母方は政治家ソロンの血をひく。そのほかにも、一門には著名な人物も多い。

修業時代　前四二七―前三九九　二八歳　ソクラテスの死まで

青年時代のプラトンの希望は、ポリスの政治に参加することであった。だが、その希望がそのまま実現することはなかった。当時の混沌とした政治情勢がそれを許さなかったのである。

前四〇四年、長期にわたったペロポネソス戦争がアテナイの全面降伏に終わり、その直後に反民主派の三十人政権が樹立される。政権の中枢には、プラトンと縁戚関係にあるクリティアスや叔父のカルミデスが含まれており、プラトンにとって政治参加を実現する好機でもあった。プラトンもこの政権に若干の期待を抱いていたが、それはすぐさま幻滅にかわる。

三十人政権はしだいに独裁色を強めて専制政治をおこなったため、人心は離反し、多数の亡命者を生む。やがて亡命者を中心とした民主派の武力抵抗や内部分裂によってこの政権は崩壊し、民主派の人びとが政権を握る。プラトンは民主派の政治運営については、比較的好意的な目で見ており、再び政治活動への意欲を抱くようになる。

この民主派の政権下で、しかし、決定的な出来事が起こる。**ソクラテスの裁判**、そして**刑死**である。

プラトンは若いころからソクラテスと交流し、その奇妙な魅力に惹きつけられ、深い影響を受けていた。そのソクラテスの死は、彼にソクラテスという存在の重要性を痛感させるとともに、あらためてその言葉と行動の意味に対する反省を迫る事件であった。

プラトンは政治への参加の望みを完全に捨てたわけではないが、ソクラテスの生き方と死に方は、彼に政治や社会とのかかわり方を再考することを要求した。ソクラテスは政治参加への拒否を貫いたし、なによりもソクラテスを殺したのは最終的にはポリスの政治権力だったのだ。

プラトンはこの事件のあと、実生活のうえでも思想のうえでも遍歴の時代に入る。

遍歴時代　前三九九―前三八七　四〇歳　アテナイ帰還まで

ソクラテスの死後の一二年間が遍歴時代と呼ばれるのは、その間にプラトンがアテナイ以外の多くの土地を訪れているからである。ただし長期間にわたって旅の途上にあったわけではなく、その大部分の期間はアテナイで過ごしたであろう。むしろ重要なのは、精神的な遍歴である。

プラトンは、ソクラテスの刑死ののち、隣国のメガラをはじめとした諸国を巡り、前三八七年には、イタリアとシケリアに旅し、タラス（タレントゥム）においてピュタゴラス派の思想家アルキュタスと知り合う。またシケリアのシュラクサイでは、この地の王国の専制君主ディオニュシオス一世の政治を観察し、その義理の弟ディオンとも親交を結び彼の教育にも携わっている。

アルキュタスを通じて接触したピュタゴラス派の思想は、数学や幾何学の重視や魂の不死の思想などの影響をプラトンに与えたであろう。また、シュラクサイでのディオンとの出会いは、のちに彼の生涯にある波乱を生み出すに至る。

他方でこの間にプラトンは、ソクラテスを対話の主導者とする対話篇を執筆しつつ、ソクラテスの言行、そして死の意味を自分なりの仕方で考察していた。

学頭時代　前三八七—前三四七　学園創設

思想的遍歴を経てアテナイに戻ったころには、プラトンは「哲学」の内実に明確な理解をもつに至っていた。彼はその「哲学」を、ひきつづく対話篇の執筆と、アカデメイアという学園の設立という活動を通じて遂行し、社会における人間の重要な営みとして位置づけることを試みた。

アカデメイアの教育や研究は、『国家』の哲人統治者の教育プログラムにある程度まで対応したものであったと推測される。その教育の理念は、**知識の注入ではなく**「**魂を向け換える**」**こと**にあり、そのために、感覚されえないものに目を向ける知として、数学的諸学が重視された。

ただし数学的学問は哲学への予備的な学問であり、『国家』での教育プログラムが示すように、最終的には対話的探究としての哲学が目指されていた。

波乱の晩年

アカデメイアでの研究教育を中心としたプラトンの充実した生活は、シケリアのシュラクサイでの事件で破られる。

前三六七年、ディオニュシオス一世が死亡し、シュラクサイはディオニュシオス二世が支配するようになる。その叔父に当たるディオンは、この新たな王を教育し、プラトンが望むような統治体制を実現しようと、プラトンに協力を求めてきた。

プラトンの見通しは悲観的だったが、ディオンとの友情と自身の哲学を裏切らないために、シケリアに赴く。結果は、プラトンが恐れていたとおり、ディオニュシオス二世はディオンを国外へ追放し、プラトンを一種の軟禁状態におく。プラトンの帰国がかなったのは、一年後である。

しかし前三六一年、ディオニュシオス二世からの一種の脅しもあって、再びシケリア行きを余儀なくされる。だが渡航後には、監禁され、生命の危険にもさらされる。友人アルキュタスの外交手段によってようやく救出され、翌年にアテナイへの帰還がかなう。

こうした波乱に満ちた晩年までの時期にも、プラトンは、アカデメイアでの研究教育と対話篇の執筆に全力を注いだ。「後期対話篇」に分類されるそうした作品の多くが、政治情勢を反映したものではなく、むしろ理論的、論理的な問題の分析、あるいは自然や世界全体の見方にかかわるものであることは注目に値する。

没年は前三四七年、八〇歳であった。

第二章　プラトン哲学の原点

出発点としてのソクラテス

対話篇の読み方の考察という関門を抜けたいま、作品内のソクラテスの発言にとりわけ注意しながらプラトンについて語ることができる。

そう、話をどこから始めようとあれこれ悩む必要はない。プラトンの思考の出発点は明確だ。ソクラテスである。

プラトンが若い頃からソクラテスという風変わりな人物と親しく交わり、大きな影響を受けたことは間違いない。多くの人びとと対話したソクラテス、そして一部の人びとの反感を買い、刑死することになったソクラテス。そうしたソクラテスの言葉、行動、そして死のすべてが、プラトンの活動の原点である。プラトンの作品の大部分にソクラテスが最も重要な人物として登場することが、その何よりの証拠である。

沈黙と喧噪

ソクラテスについて語ろうとするとき、人は、沈黙と喧噪《けんそう》に直面する。一方で、アテナイに生まれて死んだ歴史上の人物としてのソクラテスは、プラトンとは異なり、何も書き残さなかった。ソクラテス自身の語った、というより書き残した言葉は、不確かなものを別とすれば、断片的にさえ残っていない。実際の歴史を生きたソクラテスは、われわれに対して沈黙したままだ。

そんな沈黙するソクラテスは、しかし、歴史のなかではずっと喧噪のなかにある。ソクラテスは、彼が生きていた時代から現代に至るまで、実に多くの反響を引き起こしてきた。すでに当時ソクラテスの周囲にいた人びとが、ソクラテスについて、それぞれにさまざまな話や意見を書物に著したことが知られており、それは「ソクラテス文書」と呼ばれる一つのジャンルを構成するほどである。

そうした反応は、古代にかぎらず現代にまで続いている。ニーチェやキルケゴールといった哲学者たちがソクラテスに敏感に反応しているのも、その一例である。

ソクラテスは「問題人物」だった。現役で活動していた当時から、人びとの関心をかき立て、何かを語りたくなるような存在、理解したり反発したりせずにはいられないような存在だったのだ。ソクラテスが対話を導く形式をとっているプラトンの対話篇も、そのようなソクラテスの喚起力に刺激されて書かれた文献の一つとみることができる。

ソクラテス問題？

ところが、そうした多くの文献が描き出すソクラテスの姿は一様ではない。というより、彼が存命中か死んでからさほど時を経ずに書かれたものの間でさえ、描かれるソクラテス像にはかなり大きな相違がある。

テキストの読み方に精密さを求めるようになった一九世紀には、ソクラテスをめぐる多くの伝承を疑い深く検証したカール・ヨエルが、ソクラテスについて「われわれが知っていることはわれわれが何も知らないことだ」と告白し、オロフ・ギゴンは、確実に言えるのは、「アテナイの法廷で前三九九年に死刑を命じられて死んだということぐらいだ」と断じた（処刑の事実だけは、伝承を遡るとなかば公文書に相当するものにまでたどり着くことができるので、ひとまず信頼できることになっている。公文書の管理は重要である）。

ソクラテスを論ずるときに哲学史の研究者たちがしばしば「ソクラテス問題」とか「ソクラテスの謎」などと口にするのは、一つにはこうした事情があるからである。

しかし冷静に考えてみよう。古代の、しかも二五〇〇年ほど前に生きた人物について調べようとするなら、ほぼ例外なく、資料の乏しさという壁に突き当たる。われわれが手にできる資料が当人の書き残したものではなく、せいぜいのところ、いくつかの媒体を経由した間接的な伝承にすぎないというのは、西洋古代に生きた人物のほとんどの場合に当てはまる。その間接的な資料にしたところで、量的に乏しいのが実情である。

それに比べればソクラテスの場合はまだマシと言うべきだろう。直接書き残したものはないとしても、ともかくも彼についてかなりの量の情報が伝えられているのだから。残された資料の制約や齟齬《そご》という事情をソクラテスについてだけ強調するのは、そしてそのことを理由にソクラテスをことさら謎めかせるのは、ソクラテスを何か特別な存在に祭り上げようとする、ある種のロマン主義的動機がはたらいているのかもしれない。

伝承がさまざまであるといったことを理由に、「謎」や「問題」といった言葉を口にしてソクラテスを特別視することは、そろそろやめたほうがいいと私は思っている。

プラトンの一部としてのソクラテス

この「ソクラテス問題」については、他にも論ずべきことはあるが、いまあまり深くかかわる必要はない。この本が目指すのはプラトンの考えを論じ理解することなので、まず肝心なのはソクラテスの言葉や行動、生き方と死に方がプラトンに対して決定的な影響を与えたことだ。

プラトンが描くソクラテスについては、どれが実在したソクラテスの描写でどれがプラトンの創作であるかを判別しようと多くの努力が費やされてきた。しかし実際のソクラテスの発言の記録などがない以上、「これこそ本物のソクラテス！」と主張したところで、最終的には水掛け論に終わらざるをえない。比較的初期に書かれた作品に登場するソクラテスはそうでない作品よりも自身の積極的な主張を繰り広げることは少ない、というような大まかな特徴づけは可能であるが、だからといって、それが歴史的事実に忠実にソクラテスという人物を描いているという保証はない。

そうした詮索より、プラトンがソクラテスを描き、そのソクラテスを通じて考察を展開しているということに目を向けよう。プラトンは問い、吟味し、批判するソクラテスとともに自らの思考を紡ぎ、そして読者に語っている。描かれるソクラテスはプラトンのスポークスマンではないが、明らかに、すでにプラトンの思考の一部を示すものである。

この理解のうえにたって、次のような方針を掲げよう。

以下で「ソクラテス」と呼ばれるのは、プラトンがその作品のなかで描き出しているその名の人物であり、それ以上でもそれ以下でもない。そしてそのソクラテスを通じて、プラトンの思考の動向を見届けることができる。

ソクラテスはなぜ対話することになったのか

プラトンの著作ごとにソクラテスはさまざまな顔を覗かせているが、一貫しているのは対話する人だったということだ。プラトンの作品だけでなく、「ソクラテス文書」と呼ばれるソクラテスを題材にした著作においても、ソクラテスはそのように描かれている。そして、人びととの対話が一部の人びとの反感を招き、最終的にはソクラテスを死へと至らしめるまでになった。

そもそもなぜソクラテスは多くの人びとと対話するようになったのだろうか。その理由は『ソクラテスの弁明』で証《あか》されている。法廷に立つソクラテスは、どのようにその特異な活動がはじまったのか、なぜその活動が罪に問われることになったのか、そしてその活動はどのような意味をもっているのかを語っている。

発端は、デルポイの神託だった。デルポイとは、古代ギリシアのアテナイの西側にあったポリス（都市国家）であるが、そこにはギリシア神話に登場する神のひとり、アポロンを祀る神殿が存在した。そしてその神殿で巫女から下される神託は権威をもっており、人びとや共同体の運命を左右することさえあった。

そんなデルポイへと、あるときソクラテスの友人の一人であるカイレポンが出向いて、デルポイの神殿で「ソクラテス以上の知者はだれかいるか」と尋ねる。カイレポンにそう尋ねられた神殿の巫女の答えは「ソクラテス以上の知者はいない」であった。つまり、ソクラテスは他のだれにもまさって知者だと告げられたのである。

カイレポンがなぜそんなふうに尋ねたのか理由はよくわからない。ずいぶんとお節介な話だが、カイレポンの問いかけが関係するのはソクラテスだけではない。「ソクラテス以上の知者」というかたちで尋ねることで、ソクラテスと比較されるべき人びとまで巻き込んでしまっている。そしてこのような問いかけが、ソクラテスを動かし、人類の知の歴史に重大な転機をもたらすきっかけになった。

このデルポイの神託を友人から聞き知ったとき、ソクラテスはひどく当惑し、次のように自らに問いかけざるをえなかった。

いったい何を神は言おうとしているのだろうか。いったい何の謎をかけているのであろうか。なぜなら、私は自分が、大にも小にも、知恵のある者なんかではないのだということを自覚しているからです。

（21b 田中美知太郎訳）

一方では他の誰よりも知者だと告げる神託があり、他方では自分自身は知者ではけっしてないというソクラテスの自覚ないし自己認識がある。ソクラテスを他者との対話へと促したのは、このデルポイの神託とソクラテスの自覚との相克である。

ソクラテスは考える。——自分自身が無知だという自覚は、誰よりも知者だと告げる神託とは相容れない。すると、もしも自分以上の知者を見つけることができれば、自分の自覚が正しく神託は誤りだったと反駁《はんばく》できる、と。そこでソクラテスは知者の探索をはじめる。彼は、知者と思われている人や自身を知者だと誇示している人びとをつかまえては対話を試みて、そうした人びとに知が備わっていることを確認しようとした。

ソクラテスの人びととの対話はこうして始まった。そしてそれは、以上のように、神に問いかけ、その答えを探る活動であり、その意味で神との対話でもあった。

ソクラテスの「無知の自覚」

最初に、人びととの対話の活動を始める以前に、ソクラテスはすでに、自分自身にある一つの〈知〉を認めていたことに注意しよう。それは、「自分自身は知者ではない」というソクラテスの自覚である。引用箇所で「自覚する」と訳された言葉(シュノイダ)は、「知る」(オイダ)を意味する表現を含む合成語であり、自分自身に関して知っているという知のあり方(自己知)を表わしている。

自分自身が無知だというソクラテスの自覚は、強固なものだった。そのため、ソクラテスは、権威あるデルポイの神託に対してさえ、疑問を抱いたのである。彼は、この自覚をよりどころに、神託を反駁しようと試み、それを通じて神託の意味を探ろうとした。自分自身は知者ではないという「無知の自覚」「無知の自己知」、これがソクラテスの知と無知をめぐる探究の出発点である。
　こうして、ソクラテスの対話は、はじめから知と無知、とりわけソクラテス自身にかかわる知と無知に深くかかわっていた。そして開始された対話の活動は、ソクラテス自身に対して、その知と無知、つまり「知っている」とか「知らない」とはいかなることなのかをあらためて考えさせることになる。

他者との比較による知

　ところが対話を通じて、ソクラテスは自分以外に知者と呼べるような人の存在を確かめることができなかった。むしろ対話によって、ソクラテスは自分自身に対してある特別なかたちの知を認めることになる。

　しかし私は、その場［対話の現場］を去ったのち、自分自身に対して、こう考えたのです。この人間より私は知恵がある。なぜなら、この男も私も、おそらく善美の事柄は、何も知らないらしいけれども、この男は、知らないのに、何か知っていると思っているが、私は、知らないから、そのとおりに、また知らないと思っている。だから、つまりこのちょっとしたことで、私のほうが知恵があることになるらしい。

（21d-e 田中美知太郎訳を改変）

ソクラテスは神託の意味を尋ねて知者と思われる人と対話を交わした結果、このように、「知らないとおりに知らないと思っている」自分のあり方が、「知らないのに知っていると思っている」人に比べて、「知がある」のだと考えるに至る。

ソクラテスが自分に認めるに至った知は、他者との比較にもとづくものであるから、相対的な知である。そうであっても、ソクラテスにとってそれも知の一つのかたちであった。もともとデルポイの神託がソクラテスに認めたのも、そのような知、つまり「ソクラテス以上の知者はいない」という比較級で表現される知だったのだ。ソクラテスが自分自身に見出したのは、このような「他者との比較による知」である。

ただし、このような知を自分自身に認めたからといって、ソクラテスは対話をはじめた当初の「無知の自覚」を撤回したわけではない。対話のなかから、そのような自覚の意味を捉え直すことによって、その無知の自覚、その知こそデルポイの神託がソクラテスに認める知ではないかと考えるに至ったのである。

神との対比における知

ソクラテスは、自分自身に認めるこのような知を「人間並みの知」と呼んでいる。この言い方は「神の知」との対比を意識したものだ。神の知に比べるなら、他者との比較において認められる知は微力なものであるという含意がある。

ソクラテスは、さらに多くの人びとと対話し、吟味探究を重ね、こんどはその神との関係において、再び自分自身の知を捉え直している。彼は最終的に次のような理解へと到達した。

つまり、こういう詮索をしたことから、アテナイ人諸君、たくさんの敵意が、私に向けられることになってしまったのです。それはいかにも厄介至極な、このうえなく堪《た》えがたいものなのでして、多くの中傷も、ここから生ずるという結果になったのです。しかし名前は、「知者」だというように言われるのです。なぜなら、どの場合においても、私が他の者を、何かのことでやりこめると、そのことについては、私自身は知恵をもっているのだと、その場にいる人たちは、考えるからなのです。しかし実際はおそらく、諸君よ、神だけが本当の知者なのかもしれない。そして人間の知恵というようなものは、何かまるで価値のないものなのだということを、この神託のなかで、神は言おうとしているのかもしれません。そしてそれは、ここにいるソクラテスのことを言っているように見えるのですが、私の名前は、付け足しに用いているだけのようです。つまり私を一例にとって、人間たちよ、おまえたちのうちで、最も知ある者というのは、誰でもソクラテスのように、自分は知恵にかけては実際は何の値うちもないものなのだということを知った者が、それなのだと、言おうとしているようなものなのです。（22e-23c）

ここでは、神の知とのコントラストは最大となっている。神のみが真の知者であり、神と比べれば、ソクラテスが自身に認める知でさえ「知にかけて無価値」なのだ。それでもソクラテスは、自分自身にある知を承認している。引用箇所の末尾が告げるように、「(自分が) 知にかけて何にも値しないということを知っ
ている」という意味で、やはり彼は知者の一例であり、人間のうちでは「最も知ある者」なのである。

これは、神の有する知との対比のもとで、あらためて人間のもちうる知の意味を考えることを通じて得られた知であり、「神との比較における知」である。

ソクラテスの知の重層性

ソクラテスが知と無知について認識を深めていく以上のプロセスは、次のようにまとめられるだろう。

①無知の自覚　「知恵ある者などではない」という自分自身の無知について自覚している

②他者との比較による知　他者との比較を通じて自分自身を省みることによって、①のように自覚しているという点で他者より自分のほうが知がある

③神との比較における知　対話を積み重ねた結果、神の知と自分の知を対比することで、「他者との比較による知」も含めて、知にかけて無価値であることを知る

これらを、知をめぐる三項関係として次のように表わすこともできる。

②他者の無知の無自覚（知らないのに知っていると思っている）
⇄　⇩「自分のほうがより知がある」（他者との比較による知）
ソクラテス：①無知の自覚　⇅　デルポイの神託
⇄　⇩「知にかけて無価値であることを知っている」（神との比較における知）
③神の知

（⇄は比較・対比の関係を、⇩は帰結を表わす）

ソクラテスは、対話の起点となった自分自身の「無知の自覚」を、「他者との比較による知」、そして「神との比較における知」として捉え直していると言える。いわゆる「無知の知」とは、ソクラテスが対話を通じて自身のうちに見出していった、以上のような無知と知と知との重層的なかかわりである。

自己を知る

以上のように、神託を知ったあとにソクラテスが問い続けたのは、第一に、自分自身にかかわる知と無知だった。その意味で、ソクラテスは「自分自身を知ること」つまり自己知を探究したということもできる。

ただし「自己知を探究した」といっても、ソクラテスはたんなる内省の人ではない。彼がじっさいにおこなったのは、アテナイの街に繰り出し、知者と思われたりそう公言したりしている人びとをつかまえては、ほんとうに知をそなえているかどうかを対話を通じて調べ吟味することだった。

ソクラテスにとって「自己を知る」とは、自分の「内面」をじっと見つめることによって得られるようなものではなかった。対話という他者との関係のなかで、さらには神を含む世界全体のなかでの自分自身の位置やあり方を確かめ理解する試みだったのである。

ソクラテスに見られるような、自分以外のもの、外なるものとの関係において自己のあり方を理解するという自己知の捉え方は、近代以後の自己の観念や自己知の理解の仕方とはかなり異なっている。そのかぎりでは、それは「古代的な」自己知と言ってもよい。ソクラテスが生きた西洋の古代世界では、自己知とは、もともとそのように他者との関係のなかで自己を知ることだった。

「汝自身を知れ」

ソクラテスに対する神託の発信源でもあったデルポイの神殿には、現代でもしばしば引用されるが（たとえば映画『マトリックス』）、その入り口に「汝自身を知れ」という言葉が刻まれていたと伝えられている。この箴言《しんげん》は、プラトンのお気に入りだったらしく、いくつかの著作のなかで言及している。

この「汝自身を知れ」という箴言が古代ギリシアの人びとに告げるのは、自分の位置や役割を自覚せよということだった。具体的にいえば、まず神に対しては人間としての有限性を自覚することであり、人間との関係では、家やポリスなどの共同体のなかでの自分自身の位置や役割を認識することだった。この場合の知るべき「自己」とは、自分以外のものとの関係において占める自分の位置や役割である。

現代のわれわれが日常生活を送るうえで「自分自身を認識する」ことが必要な場合も、事情は同様だろう。たとえば、道に迷って自分がいまどこにいるのかを確かめるとき、自分自身を、あるいは自分の足下だけをいくら見つめても埒《らち》があかない。周囲の様子や目印になるものとの自分の関係を確かめることを通じて、はじめて自分の位置を特定できる。人がおかれた状況のなかにこそ、その人の位置を示す情報が含まれているからだ。

このように自己を知ることと世界や他者のあり方を知ることとは別の知ではなく、むしろ相即している。たとえば、家族のなかでの役割（夫婦、親、子供など）、さまざまな組織や共同体のなかでの位置（学生、課長、ＰＴＡ役員など）を知ることを通じて、自分は誰なのか、何なのかを確かめるのである。自分の名前で検索するエゴ・サーチ（「私」の探究！）も、外部の情報のなかで自分の位置を探ろうとすることである。

「汝自身を知れ」という箴言が求める「自己」とは自分の内側ではなく、主体と他者とのかかわりのなかにあり、そのかかわりを通じて認識され自覚されていくものなのだ。

近代的な自己知

しかし、少なくとも近代の哲学で問題となる「自己知」「自己認識」は、こうした「自己」や「自己知」とは様相が異なる。「自己」は内面的なものであり、自己自身を知るためには、外から内へと目を向け直す心の動きが求められるように思われる。「自己」(self)という観念の歴史について優れた考察を展開したカナダの哲学者チャールズ・テイラーも、近代的な自己の観念が、ある種の〈内的なもの〉を知覚したり認識したりすることから成立していることを指摘している(『自我の源泉——近代的アイデンティティの形成』)。

哲学の歴史を顧みるとき、自己を知るための視線を外から内へと向け変えようとする動きは、古代後期の新プラトン主義やアウグスティヌスをはじめとしたキリスト教教父らにも見てとれるが、大きな変換はデカルトに求められる(ミシェル・フーコーはそれを「デカルト的瞬間=契機《モマン》」と呼んでいる)。デカルトの「私は思考する」(ラテン語では「コギトー」という一言でこれを表わす)という有名な観念がその転換点である。

デカルトは、実生活での考え方とはいったん絶縁して、あらゆるものを疑うという「方法的懐疑」を実践した。その結果、炎に触れたときの熱いという明確な感覚も、1+1=2というような数学的な真理もすべて確実ではないと断定した。彼が最終的に疑うことのできない明証的な事実として発見したのは、「私は思考する」(コギトー)である。

デカルトにとって「思考」(コギタチオー)とは、一言でまとめてしまえば、何かを意識することである。だからデカルトにとって「思考する」という概念は、狭い意味で「考える」ことだけでなく、ほとんどすべての心のはたらきを含む。というより、のちに見るように、これがデカルト以後に確立する「心」の概念の原点である。椅子にぶつけた足の小指の痛みも、数学のABC予想の解法を考えることも、教祖の命令が聞こえるという幻覚も、何かを意識している点では同じであるから、すべて心という大風呂敷の概念に包むことができる（この点で、第四章でみる西洋古代の「魂」の概念と異なる）。

そして、その内容が現実の世界のあり方とどんなに異なっていようとも、私が何かを意識している、ということそれ自体は疑いえないし、その意味において誤りえない。こうして「私が意識している」ことはつねに確実なので、その意味で、それを「真理」とも「知識」とも呼ぶことができるだろう。

ただしこの知識は、デカルト以前に知識の基本的なあり方だと考えられてきたものとは根本的に異なる。それまで知識とは、（広い意味で）外的世界のなかでのさまざまな事象を正しくまた正当な根拠にもとづいて認識することであると認められてきた。

しかしデカルトが「私は思考する」（コギトー）に認める知は、世界のあり方との関係をいったん捨象し私の意識のみに視線をむけることによって、その確実性が保証される。それは何かと照らし合わせて真となるのではない、ある自己保証的な知である。

その意味でデカルトは、それまでの理解とは異なる真理や知識の領域を開いたとも言えるだろう。それはいわゆる「主観的」な領域であり、「自己」もそうした領域のうちに求められることになる。

自己知についての二つの見方

いま、自己知についての二つの対照的な考え方を示した。ソクラテスにとっては、外部とのかかわりを通じて自己を知ることへの途が開かれる。デカルト的な知では、いったん外部と絶縁し自分自身だけにかかわることによって、確実な自己知が確保される。

自己と自己知の理解のこのような転換を象徴的に表わすのは、鍵となる概念「意識」を表わす言葉の由来である。「意識」と訳されたデカルトの言葉はコンスキエンティア(conscientia)というラテン語で、英語のコンシャスネス(consciousness)の語源でもある。

このラテン語は、con(一緒に)とscire(知る)の合成語であるが、実はこの言葉は、ソクラテスが対話活動に乗り出す以前に自分自身に対してもっていた「無知の自覚」の「自覚」を表わすギリシア語に由来する。「自覚」を表わすギリシア語も、syn(一緒に)とoida(知る)という同じ要素から構成されていた。

しかし、いくつもの思考を経由する錯綜した歴史を経てその意味内容は大きく変容し、いま確認したような自己知にかかわる対照的な理解へとそれぞれ結びついている。ソクラテス的「自覚」とデカルト的「意識」。二つの言葉の語源的な繋がりは、それぞれの言葉を理解するための思考の基本的枠組みが大きく様変わりしていることを、かえって照らし出している。

他者から与えられる自己

以上のように、ソクラテスが対話を通じて獲得した自分自身についての知は、他者や世界とのかかわりのなかで自分を位置づけるという点で、西洋古代世界における自己知の理解と共通している。

しかし他方で、ソクラテスの自己知は、そのような自己知の一般的理解から、大きく逸脱もしていた。その点では、ソクラテスは「汝自身を知れ」という箴言に刃向かったとも言える。この箴言は、強い社会的・政治的な含意をもっていたからである。

神や他者との関係で自分のあり方を認識することをこの箴言は求めるが、その具体的なメッセージは、「身のほどを知れ」「分をわきまえろ」ということだった。「ほど」と言い「分」と言い、いずれも程度や量を表わす言葉だが、それを測り決めるのは、その当事者ではない。それを測る物差しは他者や共同体の側にあり、それによって各人にふさわしい

「ほど」や「分」が決められるのだ。

さらに測定のためには、物差しの尺度はブレずに一定していなければならない。つまり、その尺度を与える共同体の構造、つまり身分や階層、そして規範などが比較的安定していることが前提となっている。

たとえば受験生に「身の丈にあわせてがんばれ」と激励（？）することも、結局受験生は自身が置かれた環境や経済状況に甘んじろ、ということを意味するように、この意味での「自己を知る」とは、与えられた自己の位置や役割を了解し、それをわきまえて振る舞うことにほかならない。そのため「汝自身を知れ」という勧告は、個人に対して固定的な役割を負わせ、それに従わせる抑圧的な指令ともなりうる。

もちろんそうした自己知も、他者とかかわり社会のなかで生きていくためには欠かせない知恵であろう。しかしソクラテスの自己知は、同じく外部との関係を通じて得られたものでありながら、根本的に性格が異なる。

自己知から他者の地図を書き換える

ソクラテスの自己知は、他者や共同体が設定する自分の位置をそのまま受け入れるのではなく、かえってそれに抗《あらが》うものであった。なぜなら、ソクラテスが確かめることができた自分自身のあり方とは、「他のだれよりも知者である」というものであったからだ。「ソクラテス以上の知者はいない」――ソクラテスは、多くの人びととの対話の末に、この神託の正しさを認めた。彼は自分自身を、知に関しては他の誰も及ばない最高の位置に置いたのである。これはどうみても、彼の暮らすアテナイという共同体から与えられる位置ではない。その自己の理解は、「身のほどを知る」のではなく、「身のほど知らず」なのだ。

しかしソクラテスにとってその位置づけは、対話活動によって確証が与えられている。とすれば、見直されるべきは、それとは異なる位置を与える他者や共同体のほうなのだ。ソクラテスに誤った位置を指定する人びとの地図は、ソクラテス自身が確かめた位置づけを基準点として修正されなければならない。

事実ソクラテスは、自分を中心として、既存の知の地図を書き換えた。すでに見たように、ソクラテスと対話した人物たちはみな、無知であることを暴露され、それぞれの自己のあり方の認識を改めることを余儀なくされたのである。

ソクラテスは自分自身の位置を既存の地図を用いずに確かめることができた。それが可能だったのは、彼には、既存の地図とは別に、自分自身の位置を確かめるための方位磁石があったからだ。それは、自分自身と神との関係である。「ソクラテス以上の知者はいない」という神託が与える位置から、ソクラテスは自分自身の自己理解と他者からの評価を見直し、さらには人びととの自己認識や知についての見方をも変えようとした。神との垂直的関係を軸に、水平的にも他の人びととの正確な地図を描くことを試みたのである。

プラトン哲学の原点

では、プラトンはソクラテスにどのように地図を書き直させようとしたのか。

『ソクラテスの弁明』のなかで、それは力強く語られている。法廷に立ったソクラテスは、かりに人びとと対話する活動をやめるなら無罪放免にしようという提案がなされても、自分はその活動をやめることはないと表明し、その理由を次のように語っている。

これはソクラテスが全生活を捧げた対話活動の目的と意義の――そしてそのプラトンによる理解の――表明でもある。少し長い引用だが、ぜひ心して読んでほしい。

この私は、アテナイ人諸君、諸君に対して親愛の情を寄せ、諸君を愛している。しかし私は、諸君に従うよりは、むしろ神に従うだろう。そして私の息の続くかぎり、また私にその力があるかぎり、私は哲学することをけっしてやめることがないであろう。諸君に勧告し、諸君のうちのいつ誰に会ったとしてもことの真実を明らかにすることをやめないであろう。私がつねづね語っているこの同じ言葉によって。――世にもすぐれた人よ、君はアテナイ人であり、知と力において、もっとも偉大でもっとも誉れ高い国の一員でありながら、金銭ができるだけ多く自分のものになるようにといったことや、評判や名誉にばかり気を遣っていることを、恥ずかしくは思わないのか。知や真実、そして魂をできるだけすぐれた（よき）ものにするということについては、配慮せず、また心をもちいもしないのか。

そしてもし諸君のうちの誰かがこれに異議を唱えて、自分はそのことに配慮していると主張するならば、私はその人をすぐには放さず、また私自身も立ち去ることをせず、その人に問いかけ、調べ、吟味するでしょう。そしてもしその人が徳（アレテー）を持っていると主張してはいるが、実際には持っていないと私に思われたならば、もっとも大切なことをもっとも軽んじ、よりつまらないことを不相応に大切にしているといって、非難するでしょう。

（29d-30a 藤澤令夫訳を改変）

ここでソクラテスは、たとえ死刑に処せられることになっても人びととの対話活動を続けることを選ぶことを宣言する。それはソクラテスが自らの命にかえても護ろうとしたものなのだ。ソクラテスはそれを「哲学」とも「探究」とも呼ぶが、また同時に、アテナイの人びとに対して「知や真実、魂へ配慮せよ」という勧告でもある。

ここで、この本の基本的なコンセプトを宣言しよう。プラトンの「哲学」の原点はここに、つまりこのソクラテスの言葉にある。プラトンは、このような「哲学」の意味を確かめ、一方でそれを理論的に深化させ、他方で社会的な実践のかたちへと展開したのだ。

その意味でこのくだりを**「ソクラテス―プラトンの哲学宣言」**と呼ぶことにする。

この宣言は、「知と真理」そして「魂をすぐれたものにすること」への配慮を説いている。ただし、「知と真理」あるいは「魂がすぐれている」とはどういうことなのか、そしてそれぞれがどのような関係にあるのかを説明してはいない。むしろそれは、プラトンがさまざまな仕方で思考を重ねていった課題である。彼がのちに本格的に展開したイデア論や魂の理論は、そうした「知と真理」と「魂のすぐれたあり方」を探究した軌跡なのだ。

こう言うだけでは、まだ一方的な断定に聞こえるだろうが、本書は、そのことをおおい明らかにするだろう。そしてそれが「批判と変革の哲学」と呼びうることも。

コラム2　プラトンの著作とその年代の区分

プラトンの著作は、現代の比較的多くの研究者によって、おおよそ三つのグループに分けることができると考えられている。これは年代的な区分であるが、プラトンが執筆した時期というよりも公刊の時期、ないしは読者が読んだであろう時期の区分である。

まず文体統計学的観点から「後期」のグループが区別され、さらに参照関係や内容的観点を考慮して、相対的に、「初期」と「中期」とに分けられる。グループ内での順序については、少なくとも＊で記したことが認められている（表題の日本語訳は岩波書店版『プラトン全集』にもとづく）。

初期

『ソクラテスの弁明』『クリトン』『エウテュプロン』『ラケス』『リュシス』『カルミデス』『アルキビアデスⅠ』『ヒッピアス（大）』『ヒッピアス（小）』『イオン』『メネクセノス』『エウテュデモス』『プロタゴラス』『ゴルギアス』『メノン』

＊「初期」グループのうちでは、『メノン』がその最後の時期に位置する。

中期

『クラテュロス』『饗宴』『パイドン』『国家』『パイドロス』『パルメニデス』『テアイテトス』

＊中期グループのうちでは、『パルメニデス』『テアイテトス』が他より後に位置する。

後期

『ソピステス』『ポリティコス』『ティマイオス』『クリティアス』『ピレボス』『法律』

＊著作内での参照関係から『ソピステス』→『ポリティコス』、『ティマイオス』→『クリティアス』の順序が想定され、また『法律』はプラトンの最後の著作であるという古来の伝承がある。

なお、上記の作品のうちで『アルキビアデスⅠ』『ヒッピアス（大）』『メネクセノス』については、現代でもプラトンの真作であるかどうかを疑う論者もいる。さらに上記の作品以外でプラトンの著書として伝わるが、研究者の間ではプラトンの真作であるかどうかが疑われたり意見が分かれているのは、『アルキビアデスⅡ』『クレイトポン』『ミノス』『エピノミス』『ヒッパルコス』『恋がたき』『テアゲス』『書簡』である。

第三章　自己と他者を変える対話

闘争的な対話

プラトンは、「知と真理」および「魂」への配慮の勧告を、ソクラテスによる対話の実践のうちに創作的に描き出している。

「対話」という言葉は、しばしば「争い」と対義的な言葉のように使用され、反目や衝突を避け合意や妥協へと導く活動として受け取られている。たしかに、それも対話の重要な機能の一つだろう。しかしソクラテスの対話は、そうしたものとはかなり様相が異なる。それは、ある危険な活動だった。自分自身と他者のもっているそれぞれの自己了解を揺さぶるものだったのだから。そのために、ソクラテスは少なくない人びとから反感を買い、最終的には死へと至ることになったのである。

この闘争的とも言える対話は、しかし、たんに破壊的であっただけではない。プラトンの描くソクラテスは、対話が人びとの生き方を批判し変革を迫る武器となりうることを示している。その具体的なあり方を本章では確認しよう。

対話の主題

まず、対話の主題となる事柄は、人びとの生き方や生活に密接に関係している。

典型的な主題は、勇敢さ、敬虔さ、節度などの、いわゆる徳であり、それ以外には「友であること」や弁論術なども取りあげられている。「徳」という日本語は古色蒼然としてちょっといかめしい言葉であり、現代では、「不徳のいたすところで」などと好ましくない場面で使われることが多い。

これに対して「徳」と訳されているギリシア語の「アレテー」は、もっと一般的で日常的に使われる言葉であり、まず基本的には、それぞれのもののすぐれたあり方を意味した。だから動物や道具についてもアレテーが認められる。たとえば馬のアレテーは足が速いこと、ナイフのアレテーはよく切れることである。

しかしプラトンが問題としたアレテーは、人のアレテー、つまり人としてのすぐれたあり方という意味での徳であり、正義や敬虔、勇敢さ、節度などがその例である。これらの徳は、当時のギリシア人の実生活にしっかりと碇《いかり》を下ろし、人びとの行動を左右する濃密な意味をもっていた。

たとえば勇敢さは、軍事や国防が市民生活の一部となっていたアテナイでは、市民である男子の社会的評価を左右する重要な要素であった（このことを論じた『ラケス』については、本書三二頁を参照）。

敬虔という、いまでは個人の内面にかかわるようにみえる徳でさえ、当時の社会にあっては共同体の祭祀に参加するなど、具体的な市民生活のあり方にかかわる規範だった。京都での地蔵盆のように、それぞれの地域の住民が参加する祭りなどに、そうした共同体とのかかわり方の名残をみることができるかもしれない。そして敬虔でないことは、ときには「不敬」という刑罰さえ与えられた(この曖昧な刑の犠牲者の一人がソクラテスである)。

対話のルール

このような実践的な意味をもつ主題をめぐっておこなわれるソクラテスの対話は、基本的には自由である。国会の論戦のような時間の制限はないし、人工的なディベートのように一つの立場を守り続ける必要もない。ただし、たんに意見をぶつけあうというのとも異なる。ソクラテスは、対話のなかでしばしば議論の進め方に注文をつけて、対話を一定のルールに従うかたちで進めようとしている。

第一に、ソクラテスは対話相手に対して「思っているとおりのことを語る」ことを求める。「ここで気をつけてほしいのだが、クリトン、これからのことに君が同意するときに、自分の心に反して同意を与えることのないように、ということだ」(『クリトン』49c-d)。これは、対話相手の答えが、他の誰のものでもなくその人自身の考えであること、その主張にコミットしていることの要求である。この要求が満たされることによって、そうした命題を吟味することが、そのまま対話相手の考え方や信念の吟味となる。

第二に、対話はできるかぎり一問一答で同意を積み重ねるかたちで進められねばならない。つまりソクラテスは長広舌をふるうのを禁止する。これは長話が、卒業式での来賓挨拶のように退屈だからでも、散漫な研究発表のように聴講者をいらいらさせるからでもない。対話に参加する人がもっているさまざまな考えや意見のそれぞれが互いにどのような関係にあるのかということにかかわる、一つの方法論的な要請である。

実際には次のようになる。――ソクラテスは、議論のなかで取りあげられる個々の命題について相手の承認を得たうえで、議論を次のステップへと進める。「われわれとしては、いま言われた説を反駁するのか、……それともこの説が真であるとすれば、そこから何が帰結するのかを考察してみなければならない」(『ゴルギアス』508a-b)というように。

このように、相手が同意するかどうかは、話題となるいちいちの命題について確認される。なにしろ、「あるものは何かより大きい」ということの同意を得たあとで、次には「それはより小さい何かより大きいことだね」と、自明にも見える命題についても、面倒を厭《いと》わず、相手に同意の確認を求めているほどである(『カルミデス』168b)。

その手続きを記号を用いて形式的に書くと、次のようになる。ある命題pから別の命題qが(論理的に)帰結する場合(つまり「pならばq」が成立する場合)でも、そしてそれが自明に見える場合でも、pだけでなくqに対してもあらためて同意することが求められているのだ。逆に、対話相手がすでにある命題pに同意しながら、そこから導かれる命題qには同意できない場合には、いったん同意した命題pについても同意を撤回することが許容されているのである。

ソクラテスの対話のルールが前提としているのは、ある人がある主張に同意し、そしてその主張から別の主張が論理的に帰結するとしても、それだけではその人が別の主張を認める保証はない、ということだ。つまり人は、自分自身の信じていることから容易に導ける事柄、自分自身の信念が含意（インプライ）している命題であっても、そこまで自分の信念として認めているわけではない。ソクラテスは、命題間の論理的関係と、人が抱く信念どうしの関係とは異なることを認識していたのである。

生き方の吟味としての哲学

いま挙げた「思ったとおりに語れ」と「それぞれの命題への同意」という対話のルールに相手が従っているかぎり、対話相手が提出する命題は、同時に対話相手が信じていることにほかならない。こうしてソクラテスは、対話を通じて、相手の信じていることに深く立ち入ることになる。だから対話相手は、自分の生き方にまで踏み込まれたような気にさえなる。ソクラテスと旧知の間柄だったニキアスは、そのことを次のように語っている。

だれであれソクラテスに近寄って対話を交わしながら交際しようとする者は、最初は何か他のことについて論じ始めたとしても、この人に議論によって引きまわされ、ほかならぬ自分自身のことを言わされる、自分がいまどのようにこれまでの生を送っており、また過去にどのような生き方をしてきたのかを言わされる羽目になるのです。

(『ラケス』187e-188a)

ソクラテスの対話は、相手の懐に入り、その生き方そのものを吟味する仕事であり、したがって相手が自ら何を考えていたのかに気づき、見直させるような技である。

対話の結末

こうしたルールにしたがって、ソクラテスは、相手の抱いている信念を表わす命題を引き出したうえで、この命題を吟味する。たいていの場合、その結末は、次のどちらかである。すなわち対話相手は、吟味の結果、はじめに示した自分自身の考えを否定する命題に同意することを余儀なくされるか、少なくともその二つの矛盾する命題のどちらを受け入れるのかをめぐって困惑状態に陥る。

とくに激しいやりとりが交わされる『ゴルギアス』を見てみよう。ソクラテスの対話相手のポロスは、「自分が不正を受けるより人に不正をはたらくほうがよりよい」と自信満々に主張する。この場合、「よい」というのは道徳的にみて「よい」というより「有益」「有利である」という意味を基本として理解されていたから、これは説得性のある考えである。正当な理由もなく殴られるのと殴るのを比べれば、不正をはたらく後者のほうが被害が少なくて済む、つまり「よりよい」というものだ。

ところが、ポロスは、ソクラテスに尋ねられて、「自分が不正を受けるより人に不正をはたらくほうが醜い」という命題にも同意を与える。そしてこのことをきっかけに、その同意にもとづいてソクラテスが彼の考えを吟味していくと、結果として「人に不正をはたらくよりも自分が不正を受けるほうがよりよい」という、最初の主張とは矛盾する主張にポロスは同意せざるをえなくなる。

このようにして、対話相手は、当初はその答えに示される信念に自信をもっていながら、じつは本人も気がつかないままにそれとは矛盾した信念を抱いていることを暴露されてしまう。このことによって相手がはじめにもっていた確信は揺るがされ、ときには打ち砕かれる。

しかしこれは、最初は気づいてはいなかったが、もともとの主張に反するような信念を自身がもっていたことに気づく過程でもある。しかもその信念は、自分が確信していた信念と比べても、捨てることができない。つまり、自分自身にとっていっそう重要であることに目を開かせられたのだ。

基礎的な信念

この事態が意味するところを確かめるために、人が抱くさまざまな考えや信念の関係を、蜘蛛《くも》の巣のような網の目にたとえてみよう。というのも、ソクラテスが対話のなかである命題から次の命題を導いたり、あるいは矛盾する命題を照らし合わせることによって一方を放棄させたりしたことが示すように、各人の一つ一つの考えや信念は互いに独立ではなく、何らかの仕方で連絡したり関係したりしているからだ。

プラトンが描くのは、ソクラテスによる吟味を通じて、対話相手が自分自身のもつ信念の網の目が少しずつ見通せるようになっていく過程である。相手は、それまでは覆われていて見えなかったある考えが自分自身の信念の網の目のなかに含まれていることに気づいていく。言い換えると、ソクラテスの対話活動は、人が自分のもっている信念の網の目の全体をはじめから透明に見通せるものではないということを明らかにしている。

さらにソクラテスとの対話が示すのは、最初は気づいていなかったある信念が、じつは対話相手の信念の網の目のより中心的な部分に潜在していたことだ。その信念は自身の他の多くの信念と関連しそれを支えているため、放棄することができないのである。そうした信念をその人にとっての基礎的な信念と呼ぶことができるだろう。

他方で捨て去ることができる信念は、その網の目の端のほうに位置している。だから、比較的容易にそれを放棄することが可能である。捨て去ったところで、網の目全体に対するダメージは最小限にとどめることができるからだ。

対話者がはじめは拒否していた信念を最終的に受け入れざるをえないのは、その人にとってそれがより重要で生き方の基礎となる信念だからである。『ゴルギアス』の対話では、「人に不正をはたらくよりも自分が不正を受けるほうがよりよい」がその信念にあたる。最も率直で過激な批判者であるカリクレスのような人でさえも、実はそれを受け入れている――すなわち真であると認めている――ために、これを「何人も反駁できない」とソクラテスは診断するのだ。

ソクラテスが真理として追究し提示するのは、このような基礎的信念であり、そしてそれによって支えられている人の生の真の姿ではないだろうか。

生の転倒

しかし、ソクラテスが人びとの基礎的信念として提示する命題は、多くの人びとにとって、自分がそれに同意することなどおよそ想像できないものだった。事実『ゴルギアス』でポロスは、ソクラテスが擁護する「人に不正をはたらくよりも自分が不正を受けるほうがよりよい」という命題を示されると、そんなものは子供でも反駁できると主張していたのだ。

そのような反常識的な信念に支えられた生き方は、人びとが一般に受け入れている――ソクラテスによって吟味される以前はそう信じている――生き方とは大きく異なるものなのである。だから、ソクラテスの対話の様子を聞いていた論敵のカリクレスは、ソクラテスに対して、半ばあきれるように語っている。

> 私たちはあなたがまじめになって言っていると考えてよいのか、それともこれは冗談だととってよいのか、いったいどちらなのかね。ほかでもない、もしあなたがまじめであるとしたら、そしてあなたの言っていることがほんとうだとしたら、われわれ人間すべての生き方はすっかり転倒してしまっていることになるのではないか。
>
> （481b-c　藤澤令夫訳）

こう発言するカリクレスは、ソクラテスの哲学の持つラディカルな性格を察知していた。彼が見抜いたとおり、ソクラテスの見方に従うなら、われわれは転倒した生を生きているのである。

人間のノモス性

カリクレスにとって、人びとがほんとうに望んでいる生き方とは、ソクラテスとはっきりと対立するものだった。

人間の生を最も中心で支え動機づけているのは欲望であり、人の自然本来（ピュシス）の生き方とは、自分の欲望に忠実である生き方だと主張する。それを阻むような社会的なさまざまな取り決め（ノモス）とは、「ばかげた戯言《ざれごと》にすぎず」それをかなぐり捨てることによって「自然の正義」が「燦然《さんぜん》と輝く」と彼は主張する。これに対してソクラテスの議論は、そうした真理を隠蔽し、われわれの生き方を実は自然本来のあり方から逸脱したノモス的なもの（法律、習慣、規則という社会的な規約）によって拘束してしまうのだ、と。

この診断はおおよそ正当だろう。たしかにソクラテスの主張によれば、むしろ社会的な規約（ノモス）に従い、不正を犯さず正義を尊重するという信念こそが、じつは各人の生き方にかかわる信念群の最も中核を構成しているということになる。ソクラテスが明らかにしたのは、どんなにパラドキシカル――そのもともとの意味は常識や通念（ドクサ）に反するということだった――に聞こえたとしても、そのような正義に従う生き方こそが各人の考え方を最も奥深いところで支えているということだった。にもかかわらず、この真理に反して人びとは転倒した生を送っている。ソクラテスはこのことを証し、それを再転倒させ本来の姿を回復させることを勧告したのだった。

こうしてソクラテスは、それぞれの人間の生の全体を暴き出し、批判し、そしてそれとは別の生のあり方を提示した。実はその別の生き方に、その人自身も気づかないままに関与しているのだ。だからこそ自己の信念の批判的吟味が生き方の変革に繋がるのである。

ただし、対話活動を続けた当のソクラテスは、最終的に裁判にかけられ刑死することになった。たしかに彼は、対話を通じて、相手を怒らせたり、当惑させたり、動揺させたりした。そして別の「転倒していない」生のあり方を提示した。だが、そうした対話相手を別の生き方の選択にまで導くことができたとは言えないのではないか。少なくともアテナイという共同体のあり方を変えることはできなかったのである。

では、人を考えさせるだけでなく、動かし、異なる生き方へと向かわせるためにはどうしたらよいのか。この問いに答えるには、そして「ソクラテス―プラトンの哲学宣言」の勧告の実践のためには、人が実際に行為し生きていくうえでの原理、個人と共同体との関係、そしてその変更の可能性をあらためて考えることが求められるだろう。

ソクラテスの対話はアテナイ人との間で終わった。しかし作家プラトンは、対話篇という工夫を通じて、その後の読者に対話の継続を仕掛け、そのなかでこうした原理的な問題の考察を展開している。冒頭に示したプラトンの二つの思考の次元は、ともにそうした問題をめぐる考察でもある。

第四章　魂・徳・知の関係

「魂」の意味の変遷

ソクラテスは、魂ができるだけすぐれたものとなるよう配慮することを説いた。この勧告は、たんに精神的なものを尊重せよとか、心を大切にしようといった主張ではない。物事を感じたり判断したりするのは、すべて心のはたらきであるから、それが重要だというのは当たり前である。それをあえて口にするなら、退屈な精神論のお題目になるだけであろう。

プラトンが語ろうとしたのは、そうしたたぐいのこととはまったく別のことである。プラトンは「魂」という概念の理解を反省し、理論的に深化させている。この深化が、人間の生き方に対するプラトン的な意味での「批判と変革」の一環を構成していた。

「魂」と訳されるのは、「プシューケー」(psychē) という古代ギリシア語である。現在では、たとえば英語の「心理学」(psychology)、「精神分析」(psychoanalysis) などの言葉の部分となっていて、「心」「精神」の意味で使われている (psycho だけだと、その名を冠したヒッチコックの映画のように、あまりよい意味では使われていないようだ)。

しかし語源である「プシューケー」のほうは、そうした「精神的な」意味にかぎらず、もっと広い意味で使用されていた。その最古の用例である叙事詩作家のホメロスの作品では、死とともに人の肢体から去ってゆく霊《たま》とか、冥界に彷徨《さまよ》う人の影のような亡霊的存在を意味している。こうした用例では、人間の心のはたらきや精神状態との直接的な関係は見出されない。

その後この言葉は、徐々にその意味を拡大し、われわれの言うところの「心」のはたらきとのかかわりを強めていく。たとえば哲学者ヘラクレイトスは、言葉や理《ことわり》を意味するロゴスの概念と結びつけて、知的はたらきを示唆する言葉として用いている。またギリシア悲劇などでは、さまざまな欲求や感情の座としての意味を獲得している。さらに、医術をはじめとした経験科学的な探究が進むなかで、魂の機能を身体的なはたらきや機能と結びつけて理解しようとする動きも出てくる。

このようにその用法は多岐にわたるが、それでもある共通的意味を見出すことはできる。この言葉は、濃淡の差はあれ、「いのち」あるいは「生きること」と、何らかのかかわりを保持し続けていた。そのため、この言葉から派生した形容詞「エンプシュコン」は、文字通りには「魂をもつこと」を意味するが、その最初期の用例からほぼ「生きている」という意味で使用されている。「魂」という言葉は、生きることの源、あるいは生の原理という意味をその芯にもっていた。

したがって、魂は植物にも人間以外の動物にも宿る。そして植物が栄養を摂取し、新陳代謝をおこなうのも、動物が自分で動き回ることも、それぞれ魂のはたらきである。考えたり感じたりすることが魂のはたらきであるのは、そうした活動も、生きていることの一つのかたち、一つの表現として理解されるからだ。だから感覚知覚や思考は魂のはたらきではあるが、魂を精神や心と同一視することはできない。

魂と心

さらに魂と心とは、その哲学的意味においてはむしろライバル関係にある。「心」や「精神」（ラテン語で「メンス」(mens)、英語では「マインド」(mind)）は、魂の概念を排除するために人間の思考の表舞台に登場した概念だからである。

ここでもデカルトの果たした役割は決定的だった。彼は古代以来の魂の概念を否定することを通じて心の概念を確立したのだ。この心の概念の核にあるのが、すでに触れたように（六四頁）、意識の概念である。この概念のおかげで、感覚や思考、感情や欲求、幻覚や想像のすべてを、何らかの意識のはたらきとして、心の概念のもとに収めることができた。

「心」と対立するのは、ラテン語では「コルプス」(corpus)、英語では「ボディー」(body) であるが、それらの概念は命を宿している「身体」も無生命の「物体」も一括して含んでいる。デカルトは魂の概念を斥《しりぞ》けて心の概念を確立することによって、それと対比されるこうした概念も明確化した。それは「思考するもの」(res cogitans) に対して「延長するもの」(res extensa) と表現される。三次元的な拡がりをもつものは、生命の有無とは無関係に、すべてこちらに含まれる。

この区別に照らしてみれば、魂に属していた栄養摂取や自己運動のはたらきは、心には属さず物体的世界の現象である。デカルトにとって、古代以来受け継がれてきた魂の概念は、帰属先の異なるものを不当に囲い込んでいたのだ。魂という概念を通じて設定されていた世界の基本的な切れ目を、心の概念は大きくずらしたのである。

現代人にとって心という概念は自明であり、もはやそれなしで世界のあり方を考えることはむずかしい。しかし、そのような概念は、そのままのかたちでは、古代ギリシアにはなかった。これから見るように、プラトンは魂を論ずるときに、感覚知覚や思考、欲求や感情など、いわゆる心のはたらきに多く言及していることはたしかである。ただし、そのような魂も、生きていることの原理として理解されていたことは忘れてはならない。

魂の理解の更新

魂が生の原理であるなら、それが大切なのは自明であると言える。かりに人間に話を限定し、そして人間の魂の主要なはたらきを思考や感情、欲求などであると想定してみても、それを尊重すべきことはやはり当然であろう。

事実、たとえば原子論者のデモクリトスも、おそらくはソクラテスに先んじて、語っている。――「人間にとって身体よりも魂の方により多く考慮するのがふさわしいことである」(断片一八七)。「何よりも自己自身に対して羞恥心を持ち、そしてこれを魂の法として確立せよ。何一つふさわしからぬことをなさないように」(断片二六四)。

こうした伝統のなかにあってプラトンの際立っている点は、魂の概念をある仕方で更新していることにある。『クリトン』においてソクラテスは、次のように語る。

ソクラテス:さあ、それなら、健康的なものによってよりよくなり、病的なものによって破壊されるようなものを、われわれがその方面に精通している人たちの判断に従わずに滅ぼしてしまうとすれば、はたしてそのものが破壊されても、われわれは生きることができるだろうか。また、そのものとは身体のことであるはずだ。そうではないかね。
クリトン:そうだ。
ソクラテス:すると、悪くて破壊された身体をもちながら、はたしてわれわれが生きていくことができるだろうか。

クリトン：けっしてできないだろう。

ソクラテス：しかしそれなら、不正なことが損ない、正しいことが益するものが破壊されてしまったとき、われわれは生きることができるだろうか。それとも、われわれは正義と不正がかかわっているあのものを、それがわれわれのなかのいったい何であろうと、身体よりもつまらないものと考えるであろうか。

クリトン：けっしてそんなことはない。

ソクラテス：それどころか、身体より貴重なものではないかね。

クリトン：はるかに貴重だ。

（47d-48a　朴一功訳を改変）

身体と対比され、生きることを可能にするものと語られていることから明らかなように、「不正なことが損ない、正しいことが益するもの」とは、「魂」を指している。にもかかわらず、ソクラテスは、「魂」という言葉を表に出さずに、正義と不正とによって規定される存在があることを主張している。あえてその言葉を使用せずに語るのは、「魂」がこの規定にもとづいてあらためて理解されるべきであるということを示唆している。

先に触れたように、「魂」（プシューケー）という言葉は、ホメロス以来さまざまな文脈で多くの意味で使用されてきており、多くの想念がかかわっている。ソクラテスは、それらをいったん括弧《かっこ》で括《くく》ったうえで、「不正なことが損ない、正しいことが益する」ところのその当のものとして魂を理解するよう告げているのだ。したがって、ここでの議論は、

魂＝不正が損ない、正義が益するもの

という等式を提示しているが、この等式は、下部から上部（魂）を理解するように読まなければならない。

生きることの規範性

プラトンにとっても、魂は生きることとの原理である。ただしソクラテスは、その生の原理を、正義と不正という規範（徳）との関係で規定しようとした。つまり、われわれの生は、正義によって益され不正によって損なわれる何かである。人間にとって「生きる」ことそれ自身が、正義と不正という社会的規範と本質的にかかわって成立しているのである。

このような考え方は、当時の魂の概念だけでなく、現代のわれわれの「生きる」ということの理解に対しても、根本的に異なる見方を提供している。プラトンの同時代人たちも、現代のわれわれも、生きるということを、まずは「生物学的な」意味で理解している。生物学的な意味での「生きる」ことの精確な定義を求めるのは、ウイルスが生物かど

うかをめぐる議論が示したように、あまり生産的でない意味で「哲学的な」問いであるが、一般的には、栄養などの外界の物質を取り入れ、それによってエネルギーの代謝や形質の形成をおこない、増殖ないしは再生産するようなサイクルとして考えられている。石ころだけでなくロボットR2‐D2も生きていないが、アメーバや植物は生きていると考えられるのも、そうした見方にもとづいている。

このような了解を前提とすれば、正義や不正とかかわることは、生きることにとって本質的ではない。われわれは、誠実に正義の人として生きることもできれば、享楽と暴虐のかぎりを尽くして不正を犯しながら生きることもできるが、どちらの場合でも、その主体が生きていること自体は、同様の意味で成立している。正義にしたがうことも、あるいは不正を重ねることも、生きることに追加が可能な一つのオプションである。

しかしプラトンにとって、正義や不正とのかかわりは、「生きる」ことに追加可能なオプションのひとつではない。不正によって生の原理である魂は損なわれる。人間は、ひたすら不正を犯し続けること、不正な生を生き切るということはできないのだ。そのような存在は生物学的には生きているとしても、もはや人間としての生は破壊されている。ここでいう「人間」は、生物学的に分類される種《しゅ》にとどまらず規範的なカテゴリーでもある。

こうした議論においては、正義と不正がどのようなものであるかは語られていない。それがあらためて考察されるのは、『国家』においてである（第六章参照）。しかしプラトンの生きた古代ギリシアの時代も、そして現代においても、正義は他者との関係を含む徳であり、社会的な徳であると考えられている。アリストテレスは、正義の主要な意味が「他者との関係における完全な徳」であると集約し、現代の正義論を主導したジョン・ロールズは「正義は社会的諸制度の第一の徳」であると規定する。

とすれば、プラトンにとって、生きることの原理である魂も、その魂によって成立する人間の「生きる」「生きている」ことも、社会的な規範を伴って成立している。「ソクラテス―プラトンの哲学宣言」が「配慮せよ」と勧告する魂の概念は、このように、人間の生についての理解の変革を迫るものであった。

徳の実質性

以上のように、魂の概念は徳（先の例では正義）の概念と本質的にかかわる。事実、魂への配慮を勧告する「ソクラテス―プラトンの哲学宣言」のあとでは、「魂のすぐれていること」は、端的に「徳」（アレテー）と言い換えられている。

この徳が、人びとの実際の行為や生き方を左右する実質的な意味をもっていることはすでに前章で説明した。だがプラトンは、この徳にそれ以上の、過大とも言いうる意義を負わせている。ソクラテスは魂と徳への配慮を説いた後に次のように論じているからだ。

金銭から徳が生じてくるのではなく、逆に徳があってこそ、金銭その他すべてのものは公私いずれにおいても、人間にとってよきものとなる。（『ソクラテスの弁明』30b）

ソクラテスに従えば、百億の富も世界的な名声も、その所有者に「よい」つまり「有益」であるのは、その人に徳がそなわり魂がすぐれているときだということになる。

金銭は、善き人にとってであれ悪しき人にとってであれ、生きていくためによい（有用）というよりむしろ不可欠であり、より多いほうがなにかと役立つだろう。ところがそうではないとソクラテスは言う。徳のある人にとってはじめてよいものであり、そうでない人にとっては有益でなく無価値なのだ。

こんな途方もない主張ができるのは、プラトンが人間の「生きる」ことの意味、そしてその原理となる魂の概念を更新していたからである。

行為から魂へ

このように人間の生き方を決定的に左右する徳とは、古代においては正義とか勇敢さとか節度が代表例である。現代であれば、さらに寛容とか誠実などが例に挙がるだろう。この徳の概念は、近代の倫理学では不遇をかこったが、二〇世紀半ばから再度注目を浴び、現在では「徳倫理学」と呼ばれる一つの有力な考え方となっている。

現在の徳倫理学については、優れた入門書がすでにいくつも存在するので、詳しくはそちらを参照してほしいが、古代の徳の概念にも通じる徳倫理学の特質を二つだけ挙げておこう。第一に、徳の倫理は、行為よりも行為する人のあり方に着目する。徳とは性格や人柄のような人としての全体的で安定したあり方である。そこには、それぞれの状況の認識の仕方、そして欲求や感情の傾向などの全体が含まれる。このような徳にもとづいて倫理的に考えることとは、近代の主要な倫理学の理論が、行為の結果のよさないしは効用を重視したり（功利主義）、あるいは行為が義務やルールにしたがっているかどうかによって評価すること（義務倫理）と対比することができる。

第二に、徳は、人が獲得し身につけるものである。徳が安定しているのは、主体がそれぞれの状況で感じる欲求や感情をある一つの傾向へ向かうよう陶冶《とうや》しているからである。そしてその習得には、言語的・理論的説明よりも、習慣づけや躾《しつけ》などの重要性が強調される。それはちょうどある技能を習得することと似ている。たんなる理論や理屈を学ぶだけでは、技術を習得することはできない。伝統的な技の習得においては、師匠の動きを「真似をして盗め」とか「理屈よりも身体で覚えろ」と言われていたように、実際にその技術を使用する動作や作業を繰り返すことでそれは身につく。徳もおなじように、徳の発揮であるとされるさまざまな行為を実践することを通じて、獲得されるのである。

こうした徳についての考え方は、プラトンの作品の背景となっている古代ギリシアの徳の概念にも、またプラトンの徳をめぐる考察にもおおよそ妥当する。

徳と知

しかしプラトンの対話篇での議論に特徴的なのは、徳における知的要素に強く光を当てていることだ。ソクラテスをはじめとして対話者たちは、話が進むなかで、それぞれの徳における知の重要性を指摘したり、さらには徳が一種の知ではないかということを示唆したりする。

たとえば、勇敢さは恐ろしいことと恐ろしくないことを知ることではないか（『ラケス』194e-195a）、節度とは一種の自己知ではないのか（『カルミデス』167a）、さらにはそもそも徳とは知ではないか（『プロタゴラス』『メノン』の主題）というように。こうした事情から、ソクラテスやプラトンが、「徳は知である」と主張したという解釈は、かなり流布している。

なるほど、徳を身につけたり発揮したりするためには、適正な知的能力が不可欠である。技術を習得するとき、実際には師匠の動作をたんに機械的に真似るのではなく、師匠がそれぞれの状況や工程で何を考えどのように判断しているのか、つまりその認識の仕方も学ばなければならない。徳の場合も同様に、それぞれの状況をどのように見てとり、それに対して適切な行動をどのように判断するかが重要な要素である。勇敢であることは、たんに恐れを知らない向こう見ずとは異なる。火事現場にいきなり丸腰でツッコむのは無謀であり、勇敢であるためには適切な状況把握が必要である。

悪いと知りつつそれをおこなう

だが、もっともらしい考えでも、それを一つの極限にまで展開したうえで吟味しようとするところがプラトンの議論のおもしろさの一つである。そうすることによって、それが含んでいる問題性が見えてくることが少なくない。徳と知の関係についてもそうである。プラトンは、『プロタゴラス』において、行為選択における知的要素を最大限に重視するとそこから何が帰結するのかを、思考実験的な考察によって示している。

その考察結果は、しかし、読者を当惑させる。というのも、それによると、「ある行為を、悪いと知りつつもそれをおこなってしまう」という事態がじっさいには存在しないことなるからである。

「悪いと知りつつもそれをおこなう」ことの例を挙げるときには、喫煙と健康の例、あるいは甘いものとダイエットの例を挙げるのが現代では定番である。あくまで例なのでそれでもよいのだが、あまりに紋切り型で、行為や生き方に対してこの現象がもっている切実性が伝わらない気がする。

そこで人生を大きく左右している実例に事欠かない「濃密な」例を用いよう。――家庭のある身なので、不倫はよくないとわかっている。彼女（あるいは彼）と過ごすのはたしかに楽しいが、それに釣り合わない大きな代償を払う可能性があるのは承知している。にもかかわらず、やはり密会してしまう。

こうした「わかっちゃいるけどやめられない」という現象は、「アクラシアー」という、抑制する力が効かないことを意味する言葉で呼ばれる。不倫はともかく、アクラシアーは、だれもが少なからず経験する身近な現象である。

アクラシアーの問題性

問題の基本は次のことにある。われわれは、「～がよい」という価値判断と行為の選択とがリンクすると考えている（この「よい」は道徳的な善さではなく、有益さや利益という意味である）。ある時点での行為を選択するとき、諸事情すべてを考慮して、こうするのがよいと判断したとしよう。たとえば、今夜は彼女に会わずプラトンを読むのがベストだと。にもかかわらず、連絡をとり会ってしまう。つまり「最善」とわかっている行為を選ばない。この場合には価値判断と行為選択が結びついていないのだ。

したがって、「よいと知りつつ」それを選ばない、というのは、ある種の不合理さを伴っている。そのために、このアクラシアーという現象は、行為選択の原理や価値判断と行為の関係、そして人間の行動の合理性を考えさせるよいトピックの一つである。事実、アリストテレスから（現代の行為論に大きな影響を与えた）ドナルド・デイヴィドソンとそれ以後の議論にいたるまで、哲学者たちはそれを真剣に受けとめて応答を試みてきた。そのような一連の考察の出発点となったのは、この現象を否定するかのようなプラトンの議論である。

合理的行為選択の原理

とはいえ、プラトンはだれもが聖人君子で不倫などしないと主張しているわけではない。不倫を含めて、「悪いと（つまり不利益や損失だと）知りつつもそれをおこなう」という記述が適切に当てはまるような事象は存在しないという議論をおこなっているのだ。

それでも、やはり通念や日常的直観からひどく逸脱した主張ではあるので、この主張は「ソクラテスのパラドクス」と呼ばれる。その解釈をめぐっては論争の尽きない議論だが、単純化してその骨子を示すなら、次のようになる。

われわれが特定の行為を選択するとき、少なくともそうすることがよいと思っている。その「よさ」とは、結局のところ、快さ（快）を得ることと苦しみ（苦）を避けることに帰着する。もちろんこの場合の快と苦は最も広い意味において理解されねばならない。快さには、性的快感から精神的な充実や知的な楽しさ、達成感などがすべて含まれ、苦しみには飢えや渇きから悲しみや不満、挫折感までも含まれる。

それぞれの行為から得られるこうした快と苦は、比較が可能である。たとえば、（少なくとも私には）バーボンとスコッチを比べればスコッチのほうが断然旨い、つまりより快い。また、今日の夜の予定として、彼女との密会と、サッカー観戦と、プラトンの難解な箇所を読み解くことが選択肢である場合、それぞれから得られる喜び（快）は異質のようにみえるが、私はそれを比べて結局そのうちのプラトンの読解を選ぶ（はずだ）。

これは種類が異なる快や苦も何らかの仕方で比較することが可能であることを含意している。議論の鍵はこの比較可能性にあるが、それをより明瞭にするなら、すべての快と苦が量的に還元できるという見方に行き着く。一方が「より快い」という判断が「より大きな快を得られる」ことを意味するなら、快は量的に比較されているからである。

選択肢となる行為のなかで快と苦が比較可能なら、われわれは、より快くより苦痛が少ないものを選ぶだろう。同じ一つの行為が快と苦の両方を伴う場合には、快が苦を超過すればその超過分だけその行為にはプラスの価値（よさ）がある。そして、選択可能な行為のなかでそのプラスの価値が他の行為のもつ価値より大きければ、その行為を選択するだろう。これが行為選択においてはたらく原理である。

この行為選択の原理は合理的であり、これに従わないのは不合理である。従わないのは、それ以外の条件は同じである場合に、一万円か五千円のどちらかがもらえる状況で、五千円を選ぶようなものなのだから。

プラトンはこうして、行為がもたらす快ないし善の大きさにもとづく合理的行為選択の原理を提示した。たとえアクラシアーの否定という結論が受け入れがたいとしても、この説明が、人間の行為選択についての一つの明快な説明であることは間違いない。

事実、この考えは、「功利主義」と呼ばれる立場の源泉となった。功利主義を理論的に体系化したジョン・スチュワート・ミルは、この『プロタゴラス』をはじめとして、いくつかの対話篇を自分自身の手で訳しコメンタリーを付しており、そして著書『功利主義』の冒頭で、『プロタゴラス』でのソクラテスが功利主義者であると語っている。

アクラシアーの否定と計測術としての知

この行為選択の原理がはたらくために肝心なのは、それぞれの行為のもたらす快や苦をわかっている、知っていることだ。この場合「知る」という言葉は厳格な意味で用いられている。「不倫は悪いことだ」と知っているとは、不倫によってもたらされる快よりそれが生みだす害悪（苦）のほうが大きいこと、つまりマイナスの価値をもつことを知っていることである。とすれば、不倫することは、われわれが先の行為原則に従って行為するかぎり、ありえないはずだ。

にもかかわらず、不倫を選ぶ、つまりより多くの快を得られるものが選択可能なのに苦のほうが大きいものを選んでしまったとすれば、それはその行為がもつ快苦の見積もりを間違えているからである。よく確かめずに、千円札を一万円札と思って選んでしまうようなものだ。だが、そんないい加減な認識は、「知」と呼ぶに値しない。つまり、その行為が悪いと知りつつもおこなってしまったのではなく、たんに悪いと知っていないのである。「わかっちゃいるけどやめられない」のではなく、そもそも「わかっちゃいない」のだ。このように、アクラシアーを否定するときのソクラテスは語る。

アクラシアーを否定するこうした議論から、求められる知のあり方が逆算できる。それぞれの行為が実際にどれだけの快(善)をもたらすのかという予測がはずれることはままある。前評判も高くおもしろい(快い)に違いないと勇んで出かけた映画が残念な内容だったというように。しかし、もしも選択肢となるそれぞれの行為のもたらす快と苦を未来までも含んで過《あやま》たず計測できる知識があるとすれば、そんな失敗は犯さないであろう。

プラトンはそのような知を構想し「(快苦の)計測術」と名づけている。それは「多少、大小、遠近を過たずに評価して選ぶ」ような技術であり知であり、定義からして、最も善い＝最も快いものを識別できる知である。――つねに最善の行為へと導く知識。素晴らしい知識ではないか。

徳と知の関係

だが、これがプラトンの求める知なのだろうか。すなわち、魂の善さとしての徳にかかわる知なのだろうか。さらには「ソクラテス―プラトンの哲学宣言」が魂への配慮と並んで配慮すべきであると告げている「知と真理」なのだろうか。

そうでないことをプラトンは示唆している。プラトンはこの計測術という知識を構想しつつもその獲得にむけてプランを具体化していない。むしろ『プロタゴラス』では、ソクラテスは議論の最後に、この知を提供するのはプロタゴラスをはじめとするソフィストたちだと語る。「ソフィスト」とは、もともと知や技術をもつ人を意味したが、やがてある知識を授ける見返りに報酬を得る職業的知識人を指すようになった。そんなソフィストたちが約束する知がまるでそのような知と言わんばかりである。

もちろん、そのような無敵の知をそもそも人間が獲得できるかどうかが疑問となるだろうが、それに対しては、これは理念的な努力目標として掲げられていると答えることも可能かもしれない。むしろ当面の考察にとっての問題は、これが徳ある人がそなえるべき知であるのかということである。

アクラシアー否定論の説明にしたがうと、不倫をおこなわないのは、どんな人の場合も、そうすることが結果的に快（善）よりも苦（悪）を多くもたらすから、あるいは他の選択肢のほうがより多くの快が得られると判断するからだ。たしかにそのような理由で不倫をしない人もいるだろうが、それは徳をそなえた人が不倫をしない動機としてふさわしいだろうか。

アクラシアーの問題をプラトンから継承したアリストテレスの分析は、参照するに値する。彼は、徳ある人と抑制ある人とをはっきりと区別している。たとえば、同じく不倫をしないとしても、抑制ある人はそうしたいと思いながらも、それを実行した場合の得失を考えあわせて（しぶしぶ）その欲求を抑えているが、徳ある人はそうした計算からそれをしないのではない。我慢するのでも、得失を計算してそうしないのでもなく、そうしたいという欲求を抱かないか、少なくともそうすることが行為の選択肢に上らないのである。有徳な人と抑制的な人とは、そもそも状況をどのように見てとり、何に対して欲求を感じるのか、何が快いのかが異なるのである。

アリストテレスの区別は説得的である。すでにみたように、徳が人の身につけるある持続的なあり方であるとすれば、そのときどきの判断だけでなくその人の欲求や感情の感じ方の持続的で全般的な傾向にかかわる。言い換えると、予想される快と苦をどのように見積もるのかということよりも、そもそも何に快と苦を感じるのかが徳を身につけるうえで決定的に重要な問題である。

行為の動機の一元化

このことを考えあわせるなら、アクラシアーを否定する論証には奇妙な欠如があることに気づく。この論証のなかで、ソクラテスは欲求や感情にほとんど言及していないということだ。「快楽に負ける」ことは、快楽を求める欲求に負けることだと考えられるし、プラトン自身が、他の著作や議論では、魂のはたらきのなかでも快楽と欲求を強く結びつけているのに、そうなのである。

この欠如は、この論証の特質を示唆している。それは行為の動機を二つの点で一元化しているのだ。一方では、行為へと導くものを快と苦（の差）へと一元化し、他方では、行為への動機をその行為のもたらす快苦の認識や判断という認知的なはたらきへと一元化している。それ以外の種類の動機に言及していないことは、必ずしもそれを排除していることにはならないが、しかしこの沈黙は、実質的な意味をもつ。なぜなら、アクラシアーという現象の理解にとって、欲求や感情は本質的なかかわりをもつと考えられるからである。

そもそも「悪いと知りつつもそれをおこなってしまう」と記述されるような行為を導くのは、当然強い動機である。日常的な見方でそれに相当するのは、食欲や性欲をはじめとした欲望、熱い、冷たい、痛いといった鮮明な感覚、さらには強い怒りや恐れなどの感情であろう。これらが行為の動機となっていること、そしてそれは行為の結果の善し悪しの判断とは異なること、これらは誰しもが直観的に理解していることのように思われる。しかしソクラテスの議論では、こうした情動的と呼べる要素の役割は無視されるか、あるいは暗黙のうちに快＝善、苦＝悪の認識や判断に一元化されているのだ。

道徳にかかわる心理を説明する理論としては、欲求や感情も実はある種の価値判断であり、認知的なはたらきであると主張することは可能である（のちのストア派はそのような方向で感情を判断の一種と考えた)。しかしそれも、まずは感情や欲求と呼ばれる現象の存在を無視することなく認めたうえで、それと向き合って考えられたひとつの見解である。だがアクラシアーを否定するソクラテスは、あたかもそうしたものに触れずにすむかのように論をすすめている。

そのため、構想されている快苦の測定術は、行為選択におけるオールマイティな知として描かれてはいるものの、かえって人間の現実に対しては無力であるようにさえ見えてくる。人間はみな、いま述べたような欲求と感情を感じながらその生を生きているからだ。少なくとも、魂に配慮し徳を身につけよと人びとに勧告するならば、そのような生の現実に目をつむることはできないだろう。その現実を無視して行為における知の力、知の支配力を一方的に強調するだけでは、具体的な生のあり方を変えることはできない。

「ソクラテス―プラトンの哲学宣言」は、魂に配慮し徳を身につけることとともに、知と真理を配慮することを求めた。それは、難民を救済するとともに不完全性定理を証明せよ、というような、二つの独立別個の勧告ではない。徳と知が密接に関係しているとプラトンが考えていることは明らかである。しかし、すでに見てきたように、徳とかかわる知を快苦の測定術のような知として考えることは困難である。

プラトンは、知と真理のあり方について、以上のような考察知とは別に、独自の仕方で考察を深め、ある見解に到達する。いわゆるイデア論である。とりあえず徳と知の関係という問題は保留しつつ、次にそれに至る思考の経緯をたどることにしよう。

第五章　変革へと促すイデア論

イデア論とその歴史

プラトンの「知と真理」にかかわる哲学といえば、というよりプラトン哲学といえば、まず「イデア論」。これが一般的な考え方であり、哲学の歴史のなかでもそのように考えられてきた。

たしかにイデア論は、哲学にかぎらず人間の思考の歴史のなかで最も影響力の大きな考え方の一つである。そのことをよく示すのは、「イデア」という概念それ自体の歴史である。「イデア」というギリシア語の基本的な意味は「姿」「形」であるが、この言葉はプラトンの「イデア論」を経由することによって、思想史のうえで重要な意味を獲得する。

一つには、プラトンの「イデア」は、ギリシア語のそのままの綴《つづ》りでアイデア（idea）つまり「観念」という内容を与えられる。これには、のちの「プラトン主義者」たちがイデアを神が思考する対象ないし思考内容として解釈したことが大きくはたらいているが、結果として、観念論（アイデアリズム）の大本にはイデア論があったということになる。そのために、原子論者であるデモクリトスは唯物論者であるのに対してプラトンは観念論者だ、というような粗雑な分類がおこなわれたりする。

他方では、プラトンのイデアとは理想的な存在であると受けとめられたために、「イデア」はアイデアルあるいはイデアール（Ideal）という、理想あるいは理念という概念にも繋がっている。こちらの系譜では、イデア論はアイデアリズムのもう一方の意味、つまり「理想主義」と呼ばれる考え方の源泉となる。

こうしてプラトンは「理想主義者」に仕立てあげられ、こちらは「理想主義者」プラトンと「現実主義者」アリストテレスという空疎なレッテルに結びつく。ラファエロの絵画「アテネの学堂」では、アリストテレスが大地を押さえるかのようなポーズをとるのに対して、プラトンの右手の人差し指は、はるか天上を指している、というように。

あらかじめ断っておくなら、プラトンの語るイデア論は、観念論でも理想主義でもない。まず、プラトンは、『パルメニデス』のなかでわれわれが「観念」と呼ぶようなものとイデアとを同一視することをはっきりと拒否している。また、イデアを理想的なものや理想化されたものと考えるのも適切ではない。イデアは、人が心のなかでそうであったらいいと想像するようなものではないからだ。

そもそも理想と現実という対比には注意が必要だろう。現実に対する冷静な認識を欠いて、よりよいあり方を追求できるだろうか。変化や変革への可能性への指向を伴わないたんなる現状認識にどのような意味があるだろうか。ともかく、理想主義という見方も、イデア論の肝心なところに対する眼を曇らせる。

イデアの暫定的定義

こうした事情も手伝って、一部のプラトンの研究者や擁護者たちは「プラトンのイデア論」というテーマを掲げることに消極的である。そうした人びとは、そもそもプラトンは「イデア論」というような特定の理論を構想したのだろうか、と疑問を呈したり、プラトンの哲学は特定の理論にまとめることはできない豊かなものだ、と主張したりするのだ。

そうかもしれない。でも私は、プラトンが論じた事柄のある部分を「イデア論」として理論的に整理をしたうえで、その妥当性や意義を考えるほうを好む。そのほうが生産的だからだ。「〜論」や「〜主義」といった名称も、議論を明晰かつ簡便にするためなら、遠慮せずに使用すればよい。曖昧なままにして予防線を張ったりありがたがったりするのは、少なくとも哲学にはふさわしくない。

歴史のなかでまとわりついてきた解釈をとりあえず忘れて、最初に、以下で論じる「イデア論」とはどのような理論かを暫定的に規定しておこう。

まずイデアについては、次のような理解から出発する。――われわれは、視覚や聴覚など五感と呼ばれる感覚知覚能力をもっており、その能力を通じて多くの事象や特性を認識している。たとえば、視覚を通じて「大きい」、触覚を通じて「硬い」などを感じ取るが、オペラのように複数の感覚を通じてその「美しさ」を認識することもある。さらに性質だけでなく、パソコンなどの事物や雷などの現象、あるいは交通事故などの出来事も感覚知覚を通じて認識することができる。

しかしプラトンによれば、感覚知覚を通じて経験されるそれぞれの性質や事物に対応するが、感覚知覚とは区別される知的はたらき——知識や思考の能力——を通じて認識されるような何かが存在する。プラトンはそうした存在を、「まさに〜であるもの」ないしは「〜そのもの」、あるいは(〜の)「イデア」「エイドス」といった表現で呼んだ。

美しさの場合なら、感覚を通じて経験されるさまざまな美しいものとは別に、知の対象である美しさが存在し、それは「まさに美しいもの」や「美そのもの」、あるいは「美のイデア」と呼ばれる。感覚知覚ではなく知的な認識能力によって認識される「まさに〜であるもの」「〜そのもの」と呼びうる存在、これがイデアである。

つまり、以下で問題とするイデアとは、次の要件を満たすとしておこう。

A　プラトンの対話篇において、「美そのもの」とか「まさに美しくあるもの」といった表現、さらにはそうした表現と関連して「エイドス」「イデア」という言葉によって表わされるものである。

B　感覚知覚される事象に対応するが、それ自体は感覚知覚で捉えられるものではなく、知のはたらきによって認識される存在である。したがって、感覚知覚を通じて経験される世界には、そのままのかたちでは見出されない。

イデア論は、とりあえず、このような意味でのイデアの存在を主張する見解である。

オッカムの剃刀vs.プラトンの顎鬚

われわれが日ごろ目にしたり感じたりする美しいもの、美しさとは別に、知のはたらきの対象としての〈美そのもの〉が存在する、しかもそれは観念でも理想でもない。――これは、かなり奇妙な想定である。少なくとも、日常の経験において、われわれがそのような存在に思い至ることは、ほとんどない。むしろその存在は疑われて当然ではないか。

事実、イデア論は、個別的な性質を一般化したうえで事物のように扱っているとか、概念に過ぎないものを実在するものとはき違えているといった批判にさらされてきた。

「必要がなければ、多くのものを定立してはならない」という思考上の節約原理は、中世の哲学者の名前をとって「オッカムの剃刀《かみそり》」と呼ばれる。そして二〇世紀を代表するアメリカの哲学者クワインは、オッカムの剃刀で削ぎ落とされるべき考え方がプラトンに由来すると考えて、それを「プラトンの顎鬚《あごひげ》」と呼んだ。お洒落のために（ほんとうは無精隠しのためだとしても）鬚を蓄えるのは悪くはないと個人的には思うが、理論的に不要な主張は切り捨ててスッキリしたほうがいいだろう。先の批判が妥当するのであれば、イデアとはまさにこの剃刀によって削ぎ落とすべきプラトンの顎鬚にほかならない。

そうした疑問を容易に引き起こすにもかかわらず、なぜプラトンは、そうしたたぐいのものが存在すると考えたのだろうか。このことをプラトンに即して語ろうとするなら、ある程度多くの言葉を費さねばならない。そこで道標として、このイデア論の要となると私に思われることを、あらかじめ簡単に言っておこう。

イデア論はたんに感覚される世界とは別に何かが存在することを措定しようとする理論ではない。その出発点は、知と真理を配慮せよという「ソクラテス―プラトンの哲学宣言」の勧告にある。イデア論は、知であるとか真理であると思われているものについてソクラテス的対話による吟味を経て到達した考え方である。**日常的な認識経験の批判であり、それに対する見方の変革へと促す理論**、それがイデア論である。

「何であるか」という問い

イデア論の出発点は、プラトンの初期対話篇でソクラテスが発動する問いである。ソクラテスは対話の主題となっている事柄について、「敬虔とは何であるか」「節度とは何であるか」というように「何であるか」としつこく問う。

一般的に表わすと「Xとは何であるか」というかたちの問いはソクラテスにとって強力な武器だった。彼自身は、その答えについて無知であることを告白しつつ、このかたちの問いを突きつけ、それに対する相手の答えを引き出して吟味検討する。

この問いは、問われている言葉の意味を尋ねるというより、その言葉で表現している当のものを明確に特定しようとする問いである。その意味では、言葉の意味より、その言葉が表わすある実在にかかわる問いといってもよい。

単純にみえるこのかたちの問いは、実は注文の多い問いである。ソクラテスは「何であるか」を問われている当のものXが満たすべき条件について、次のように指定しているからである。

そうした［勇敢とされる］すべての場合において、同じものとして存在するその勇敢さとは何であるかを、まず言ってみてください。

（『ラケス』191e）

あるいは敬虔さについては、次のように問いただしている。

ソクラテス　それでは覚えているかね。ぼくが君に要求していたのは、そんな、多くの敬虔なことのうちのどれか一つ二つをぼくに教えてくれることではなくて、すべての敬虔なことがそれによってこそ、いずれも敬虔であるということになる、かの相（エイドス）そのものを教えてほしいということだったのをね。だって、たしか君は、不敬虔なことが不敬虔であるのも、敬虔なことが敬虔であるのも、単一の相（イデア）によってであると主張していたのだからね。それとも思い出さないかね。

エウテュプロン　いいえ、たしかに覚えています。

ソクラテス　それならば、その相（イデア）それ自体がいったい何であるかをぼくに教えてくれたまえ。ぼくがそれに注目し、それを規準として用いることによって、君なり他の誰かなりが行なう行為のうちで、それと同様のものは敬虔であるとし、それと同様でないものは敬虔でないと明言することができるようにね。

（『エウテュプロン』6d-e　今林万里子訳）

「Xとは何であるか」の問いの答えとなる〈Xそのもの〉は、一定の条件を満たさなければならない。その条件は、プラトンの初期の対話篇のなかでさまざまに表現されているが、最も肝心な点を言えば、〈Xそのもの〉は、Xとされるさまざまな行為や事象にそなわり、それが「Xである」ことの原因根拠となるもの、つまりそれらの行為や事象をXたらしめる内在的な原因根拠であることである。「美しい」という場合を例とすれば、〈まさに美しいもの〉〈美そのもの〉は、美しい花や美しい音楽といった美しいとされるものすべてにそなわり、それによって美しいと言いうる原因根拠となるものである。

一般性への渇望？

ソクラテスはこのような意味での「何であるか」という問いを発し、追究した。哲学者とは、しばしば、子供のように問いを発する人びとだと思われている。人が当然だと受け入れていることにも、「それは何？」「それはなぜ？」と問いかけるのだ、と。たしかにそれも哲学者の一面であろう。だが哲学者は、それと同じくらいに、それぞれの問いがどのような答えを求めているのか、そしてそもそものような問いかけ方が適切なのかということに注意を払う。だから問いが前提とする事柄が適切であるかどうかも哲学者は問題とする。では、「Xとは何であるか」という問いはどうだろうか。

たとえば「美とは何か」という問いには、ある前提がある。すなわち美しいとされるすべてのものにそなわり、それぞれが美しいことの共通の原因根拠であるものが存在するということだ。しかし広隆寺の弥勒菩薩も、モーツァルトの協奏曲も、MOA＆SU－METALも、なるほどすべて美しいが、そこに共通なものなど存在するだろうか。その前提の妥当性が問われるだろう。

二〇世紀以後の哲学に決定的な影響を与えたウィトゲンシュタインは、われわれが同じ一般名で呼ぶすべてのものに共通の何かを探し求める傾向を、「一般性への渇望」あるいは「個別の場合に対する軽蔑的態度」と呼んで、これがいくつかの哲学的混乱の産物であるという診断を下している。

彼によれば、ソクラテスによる「何であるか」という問いの追究も、そうした症候群の一例である。「美しい」と同じ言葉で呼ばれるのは正当だとしても、そう呼ばれるすべてに共通する性質が存在すると考えるべきではない。それは、同じ姓で呼ばれる家族のそれぞれが、顔つきや体格、気性などに部分的な類似性や関係が見出せたとしても、同一の性質を分けもっているわけではないのと同様だというのである。

そもそも普遍ないし普遍性は、真理や客観性といった概念と並んで、このところすっかり人気のない概念となっている。物事のあり方は、それぞれの状況、それぞれの人の見方や考え方によって異なるので、普遍的なものや客観的真理など存在しない。すべてはそれぞれの状況に依存し、個別化、断片化されているのだ。なかでも疑念が向けられるのが、ソクラテスが問いただした勇敢さや節度などのような倫理的な特性の普遍性だろう。

価値や規範の相対性

しかし、倫理的な特性が普遍的であることや、そもそも実在することに対する疑いや否定は、なにも現代に特徴的な考え方ではない。プラトンが活躍するころ、彼が生まれたアテナイでは、普遍的に妥当する真理や価値などは存在しないという相対主義的なものの見方はすでに浸透していた。過酷な現実が人びとをそのような考え方へと導いたのだ。

当時のギリシア世界は、ペロポネソス戦争やそれに連動した内乱や政変などを通じて、社会的な規範や価値評価の大きな変化を経験しており、そのなかで普遍的なものや客観的なものに対して、人びとは疑いの目を向けるようになっていた。

歴史家トゥキュディデスは、戦争や内乱が「暴力的な教師」として「言葉の通常の意味を自分たちの行動に対応させて、勝手に正当化して変更してしまった」ことを報告している（トゥキュディデス『歴史』第三巻八二）。たとえば「無謀な大胆」は「仲間を愛する勇敢さ」、「先見の明ある躊躇」は「体裁の良い卑怯」、「慎重」は「臆病の口実」と解釈される（訳語は同書の藤縄謙三訳による）。

プラトンも、こうした思潮が人びとに浸透しつつあったことは十分に察知していた。たとえば『国家』では、「まやかしの言論」が不必要な欲望に満たされた人間に生みだされる事態を、いまのトゥキュディデスの記述とほぼ同じような状況として描き出している

（『国家』560c-e）。それによれば、欲望を制御する態度は否定されるために、「慎み」は「お人好しの愚かしさ」、「節制」は「勇気のなさ」として放逐される。逆に「傲慢」は「育ちのよさ」、「無統制」は「自由」、「浪費」は「度量の大きさ」、「無恥」は「勇敢」と美名のもとに賞揚されるのである（訳語は同書の藤澤令夫訳による）。

知への可能性に賭ける

こうした思潮をよく承知しながらも、プラトンの初期の著作でのソクラテスはある普遍的な原因根拠が存在することを前提として、「Xとは何であるか」という問いを追究している。しかもそのような問いの前提をとりたてて正当化しようとはしていない。とすれば、これは一種の知的な冒険であり賭けである。ソクラテスは、問いに応答する〈Xそのもの〉が存在すること、そしてそれを知ることの可能性に賭けていた。その賭けのもとで、問いを追究したのだ。

この賭けにプラトンは勝ったのだろうか。それは、その問いへの応答として展開されたイデア論の評価次第である。判定は読者に委ねられるだろう。少なくとも言えることは、こうした可能性に賭けた問いの追究が、人間の思考の歴史をイデア論というあらたな考え方へ導いたということだ。それは、意味のある賭けだった。賭け金の回収の有無は、それに比べれば些細なことかもしれないのだ。

イデア論へ

さて、先に挙げたイデア論の要件A、Bに照らしたとき、この問いとイデア論とがAの用語法の点で対応することは明瞭である。プラトンの描くソクラテスは、「Xとは何であるか」という問いの答えとなるべきものを「まさにXであるもの」「Xそのもの」というかたちで表現し、またそれを「エイドス」「イデア」などの言葉でも呼んでおり、先に規定した意味での「イデア」を表わすのと同じ表現を使用している。つまり第一の要件Aを満たすものが、こうしたソクラテスの問いによって追究されていたのだ。

ただしプラトンの初期の対話篇では、「Xとは何であるか」という問いに対する応答となるものが満たすべき条件は提示されているが、その答えとなる〈まさにXであるもの〉が対話のなかで発見されたり、明示されたりすることはなかった。

要件Bについては事情が異なる。ソクラテスは「Xとは何か」に答えるべき「Xそのもの」を知ることを求めているが、初期対話篇では、それが感覚知覚では捉えられないといったことを論じていない。そもそも感覚知覚と知的思考の区別や関係といったことも話題にのぼっていないのだ。

むしろ、その美しさの原因根拠は、感覚される美しいものに内在すると考えられているので、この場合の〈まさに美しいもの〉は、その要件には合致しないとも言える。

言い換えれば、この第二の要件に関係する考察が新たに加わることによって、イデア論は成立したのである。そのような考察が展開されるのは『饗宴』『パイドン』などの（中期対話篇と呼ばれることの多い）作品においてである。

恋の階梯

まず『饗宴』では、ディオティマと呼ばれる巫女のような女性が登場し、ソクラテスに対して美を求めるエロース（恋心）がより美しいものを求めて、美のイデアへと上昇していく様子を力強く描き出している。美への希求は、美しい肉体を求めることからはじまり、人間の営みの美しさから学問の美しさへと登っていき、やがてついに美のイデアを学び知るに至るのだと。

そのような恋の階梯《かいてい》の最後に現われるのは、〈美そのもの〉であり、それは次のように描写されている。


まず第一にその美は、つねにあるものであり、(i)生じることも滅びることもなく、増大することも減少することもないもの、次にそれは、(ii)ある面では美しいが、他の面では醜いというのでもなく、(iii)ある時には美しいが、他の時には美しくないというのでもなく、(iv)これとの関係では美しいが、あれとの関係では醜いというのでもなく、また、(v)ちょうどある人々にとっては美しいが、他の人々にとっては醜いというように、ここでは美しいが、むこうでは醜いというのでもありません。

さらにまた、(vi)その美はそれを見てとった者に、何か顔のように現われたり、あるいは手やそのほか肉体のもつどんな部分の姿としても現われることはないでしょう。また、(vii)何らかの言葉や何らかの知識として現われることもなく、どこか別の何かのうちに、たとえば、生き物や大地や天空や、そのほか何かのうちにあるものとして現われることもないでしょう。(viii)それはそれ自身がそれ自身だけでそれ自身とともに、単一の相をもつものとして、常にあるものであって、(ix)他の美しいものはすべて、何か次のような仕方でその美を分けもっているのです。すなわち、(x)他の美しいものが生じたり滅んだりしても、かのものはそれによって少しも増えたり減ったりすることはなく、また何ひとつ影響を受けることもないのです。　（210e-211b　朴一功訳）

ディオティマは、このように、〈美そのもの〉を「～することはないでしょう」と否定を積み重ねていくことによって描写する。比べられているのは、感覚される美しさであり、他方で〈美そのもの〉を認識するのは、感覚知覚たとえば五感の一つである身体的な眼ではなく、「魂の眼」すなわち知性であるとディオティマは語る。こうして〈美そのもの〉はイデアの要件A、Bをともに満たす存在であり、美のイデアにほかならない。

感覚知覚の対象のあり方

以上の記述にもとづいてイデア論を理解するうえでまず注意しなければならないのは、対比されているのは、たとえば個々の人間と美しさのような、個物と普遍的性質ではないという点だ。対比は、感覚される美しさや美しいものと〈美そのもの〉との間、一般的に言えば、感覚される特性や事象と知の対象となる特性との間にある。

イデアは、感覚知覚を通じて経験される事象のあり方を背景に、それとは異なる存在として提示されるので、その理解の鍵を握るのは感覚経験される事象の捉え方である。

しかし感覚知覚される事象についての先の記述では、多くのことが一緒くたに論じられているように感じるかもしれない。とくに、感覚知覚されるものが何かとの関係で見え方が異なるという相対的性格と、そのあり方がときどきに変わる流転的性格とが混在して語られている。引用箇所の(i)(iii)および(x)は、感覚される美しさが生成消滅したり増大減少したりすることを語る。だが(ii)(iv)(v)は、感覚される美しさが観点や局面に相対的であるという主張である。

しかしわれわれは、変化することと相対的であることを容易に区別できる。同じ人間でもある人と比べれば大きいが別の人と比べれば小さいという場合に、「大きい」か「小さい」かは何と比較するのかによって決まる。つまり相対的である。他方でその人間の身長がかりに一七〇センチから一七五センチになったとすれば、それは比較対象との関係を抜きにして、その人自身の大きさが変化して「大きく」なったのである。

ところがディオティマは、そして著者のプラトンは、そうした区別をしていないように見える。じっさい(i)(ii)(iii)の記述の連続がよく示すように、変化と相対性への言及がジグザグに現われるような記述となっている。

相対性と流転性の統一

以上のようなディオティマの語り口から、プラトンはまだ未熟で変化と相対性との概念的区別がわかっていなかったのだ、と批判することができるかもしれないし、そう考える論者も少なくない。しかし、この二つの性格を何らかの仕方で統一的に扱うようなプラトンの思考があるとすれば、どんなものだったのか。概念的混乱といった批判は、このことを確認してからでも遅くない。

引用箇所のようなイデアの描写に統一的視点を求めるなら、それは次のような見方となるだろう。——感覚される美しさは、すべてある条件のもとで美しいが、ある条件のもとで醜いという点で共通する。そしてその「条件」には、局面、関係、観察者などと並んで、それがいつか、という〈時〉が含まれる。つまり時点も、その現われ方を限定する条件の一つなのだ。われわれは、その条件が比較対象との関係や観察者との関係である場合を「相対性」として、時の場合を「変化」として分類するが、ここでのプラトンの視点はその区別にはない。

感覚される美しさがある特定の条件による限定のもとでしか成立しない（したがって他の条件のもとでは成立しない）のに対して、美のイデアの美しさは、こうした条件的制約を脱している。それは、端的に無条件的に美しい。プラトンは、そのことを、引用箇所において、「それ自身がそれ自身だけでそれ自身とともに、単一の相をもつものとして、常に「美しく」ある」という、より積極的な言い方で表現している。

〈まさにXであるもの〉としてのイデア

整理しよう。感覚される対象とイデアとの基本的な対比は、「美しい」を例とすると、感覚されうる美しさ（美しいもの）：ある特定の条件のもとでのみ美しい。
（「特定の条件」には、比較対象、観察者、時、などが入る）
美のイデア：それ自身だけでそれ自身の性格として無条件でつねに美しい。

イデアが〈まさに美であるもの〉〈美そのもの〉といった表現で呼ばれることも、端的に、それ自体において美しいことを表わしている。これに対して感覚される対象は、どの特性、どの性質についても、いまみたような条件的性格を免れない。言い換えると、条件を付けないでそれ自体としては、美しいとか醜いとかと確定的に語ることはできない。〈時〉もその条件の一つである。たとえば感覚によって捉えられる美しさは、ある時点での美しさ、各時点に断片化された美しさでしかないのである。先に挙げた弥勒菩薩その他の美しさも、人の見方や時代の受け取り方といった制約を受けるように。

それ自体としては不確定な感覚対象

イデア論が成立するための前提となるのは、感覚知覚を通じて経験されるものについての以上の理解である。その前提が説得的でなければ、イデア論も受け入れがたい考えとなるだろう。その前提は、たしかに極端な考えに見えるが、少なくともまったく馬鹿げた主張ではなく考えるに値するものであることを確認しておこう。

第一に、われわれが感覚を通じて経験する事柄のなかには、何らかの条件のもとでなければそれとして成立しない事象や性質が数多くある。たとえば「あなたはパソコンの前にいる」とか「銀河系は太陽系より大きい」という場合の「前」とか「より大きい」といった特性は、参照や比較されるものが変われば、それは「後ろ」だったり「より小さい」になったりする。「この本は薄い」という比較級ではない表現も、本の平均的厚さなどを基準としており、何かとの関係を含意している。

こうした何かとの参照関係のもとではじめて成立するものの範囲は意外と広く、それは社会的な身分や役割も含む。「友人」や「愛人」から「学生」「係長」といった身分、「母」「娘」などの家族関係すべてそうである。「ニート」や「引きこもり」といった概念も、ある種の隔絶を表わすが、それでも職業や社会との関係を（わずかしか）もたないという関係を表わしている。

また、熱いとか冷たいといった感覚的な性質も、それを感じる人との関係を含意するだろう。同じ水でも、冷たく感じる人もそう感じない人もいる。さらに先に挙げた「美しさ」と同様に、「正しい」「よい」などのさまざまな価値や評価も、多くの人びとは、受け取り手や時代、社会に条件づけられており、相対的性格は免れないと考えるだろう。

さらに、われわれの周囲に溢れている机、花瓶、パソコンなどの人工品もそう言えそうである。こうした人工品は、他のものとの関係を含まずに、それ自身で机だったりパソコンだったりするように思われるかもしれない。しかし、私の目前にある花瓶は、実は以前にはカップだったのだ。ナイフが凶器に、原発が地球の破壊装置になりうるように、それぞれのもつ機能は、実は使用者の目的や用途に相対的である。

相対主義の徹底

しかし人工品ではなく、「人間」とか「馬」といった自然物、あるいは自然的な分類（いわゆる「自然種」）はどうだろうか。感覚されるもののなかで、条件の限定なくそのもの自体としての特性や性質として認められる事柄があるとすれば、その最も有力で最後の候補はそうしたものかもしれない。

アリストテレスは、そう考えた。たとえばソクラテスが「大きい」「醜い」「恐妻家」であることとは、ある条件、何かとの関係のもとで成立している。しかしソクラテスは無条件にかつ本来的に「人間」なのではないか。いわゆる「本質」という概念はこうした見方に由来する。

しかしプラトンは、「本質」のような特権的な特性を感覚される事象のなかには認めないだろう。じっさい、『テアイテトス』などのより後期の著作のなかでは、人間や馬などのようなものも、さまざまな性質の束にすぎないといった考えがより明確なかたちで登場する。もし人間がそうしたものなら、どれだけの、どのような性質が揃えば「人間である」のかは、やはり相対的なものと考えることができる。たとえば胎児を人間と考えるかどうかは、時代や社会に依存するのではないのか。この思考の線を徹底するなら、特定の時や条件のもとでだけ成立するということは、「大きい」や「教師」そして「人間」などまでも含めて、感覚知覚を通じて経験される事象全般に及ぶことになる。

プラトンは、経験的世界について、当時の相対主義的な思潮よりも、より広範にそしてよりラディカルに流転性と相対性を読みとっていた。無条件に成り立つようなものは感覚される世界から徹底的に排除されている。普遍的なものは存在せず、日常的に経験されるものはその安定性を剝奪されて、時を含む条件に対して断片化され、相対化される。これがプラトンの批判的思考によって理解された感覚的世界である。

感覚から知へ

プラトンは『饗宴』において、このように、感覚知覚される事象とイデアのそれぞれの認識のあり方を鋭く対置した。『パイドン』では、さらに、この二つのタイプの認識の関係も明確に提示している。

たとえば並べられた二本の木材は、ある人には等しく見えるが別の人には等しくは見えないというように、感覚される等しさはつねに条件が限定された等しさである。他方で、数の1と1とが等しい、半径が同じ長さの円の面積は等しいという場合、その等しさは観察者や比較対象、時などの条件に限定されない無条件の等しさである。またそれは感覚知覚ではなく、数学や幾何学の思考によって認識される。つまり、それは等しさのイデアである。

このようにわれわれはそうした等しさのイデアに想い至ることができるが、それは、等しいという感覚経験からだ、とソクラテスは主張する。つまり、イデアを知るに至る出発点となるのは、それに対応する感覚知覚経験なのだ。

さらに、イデアの認識をプラトンは「想起」と特徴づける。人間は生まれたときにすでに感覚能力をそなえているので、そのような感覚されないものを認識できるのは、感覚知覚能力を機能させる以前にそれを認識していたからである。したがってイデアの認識は、そのような生得的知識の回復であり、それゆえ想起にほかならない。

感覚知覚は、それ自体としてはつねに条件に限定されているが、しかしその感覚知覚にイデアの認識、すなわちその想起の契機が含まれているのである。

憧れているが及ばない

では、なぜ、そしてどのようにして感覚される等しさから等しさのイデアへと思い至ることができるのか。――この議論に続いてそのことが証されるが、それこそがイデア論にとって決定的に重要な論点である。

「しかしさらにまた、感覚のうちに捉えられるすべてのものが、〈まさに等しくあるところのかのもの〉に憧れながら、そのものに及ばず欠けているという思いをわれわれが抱かざるをえないのは、ほかならぬそうした感覚からなのである。それとももどのようにわれわれは言おうか」
「そのようにしか言えません」(75a-b)

感覚知覚を通じて認識される等しさが〈等しさそのもの〉に「憧れているがそれに及ばない」。これはもちろんある種の比喩であるが、その言わんとするところは明らかだろう。たとえば、感覚知覚される目の前の二本の鉛筆の長さがぴったり等しいといっても、厳密にはわずかに差があり、完全に等しいとは言えない。

他方でわれわれは、それらが完全に等しいとは言えないと判定するとき、この厳密な意味での等しさを理解している。それは感覚されえない等しさであり、プラトンが〈等しさそのもの〉と呼ぶものにほかならない。

規準としてのイデア

感覚されるものがイデアに対して「憧れているが及ばない」というのは、以上の意味で鮮やかな比喩である。それでも冷静な読者からは、「憧れる」なんて、感覚される事象とイデアは、サッカー少年とメッシのような関係なのかとツッコまれるかもしれない。

ここで再びウィトゲンシュタインに登場願おう。彼の喩《たと》えのほうが、現代人の口にはあいそうだから。ウィトゲンシュタインはイデアとそれに対応する感覚される事象が標準パウンドと日常的な一パウンドの関係にあることを教え子たちに示唆していた。彼が言おうとしたのは、パウンドではなく日本で使われるキログラムに置き換えると、次のようなことだ。

一キログラムとは二〇一九年までは、パリの国際度量衡局に保管される国際キログラム原器の質量のことだった（現在はプランク定数にもとづくものに変更されている）。さまざまなものの重さ、たとえば肉屋の店頭で量った牛肉の一キログラムは、これを規準としていた。つまり国際キログラム原器こそが「まさに一キログラムであるもの」であり、他のさまざまな一キログラムはそれを規準として、それに照らして厳密に同一ではないが近似的であるから一キログラムなのである。

とすれば、これは「等しさそのもの」つまり等しさのイデアとさまざまな等しいものとの関係とかなり近いので、イデアをキログラム原器に見立てるのは、かなり有効な比較である。そこでこの見立てに依拠してイデアの性格を考えることにしよう。

一つ注意。ウィトゲンシュタインの時代のイギリスはどうだったか知らないが、現在の日本の精肉店の秤《はかり》は精度が高い。他方、これまで見てきたように、ある感覚される事象はそれに対応するイデアに対して「憧れているが及ばない」のであり、そのあり方には決定的な相違がある。そこで、ここに登場する肉屋は、買い手を欺《だま》すつもりはないのだが、残念ながらきわめて旧式で相当の誤差を含む秤を使っていると想像してほしい。

二つの解釈

さて、これはすぐれた比喩だが、それを使って感覚されるものとイデアとの関係を説明するには、二とおりの仕方が可能である。

一つは厳密に一キログラムを定める国際度量衡委員会の立場からみた説明である。その委員たちは、肉屋の店頭の一キログラムがキログラム原器に依拠していることを知っている。だからこんなふうに考えるかもしれない。肉屋は、肉を計量するたびに、（そうとは気づかずとも）キログラム原器を参照しており、（無意識に）それに近いと感知して一キログラムと計量し販売しているのだ、と。

これをイデア論に引き戻すと、次のようになる。われわれが感覚知覚によって何かを「等しい」と判別する場合も、意識はせずとも等しさのイデアを参照しそれに近似的であるので「等しい」と感知している。これが感覚の深層構造なのだ。つまり感覚知覚による判別とは、（無意識的にではあるが）イデアを参照し、イデアに完全に同じではないが比較的近いことを感知することである。

人は感覚知覚において、イデアに対する（無意識的な）「類似性と不完全性の感知」にもとづいてそれぞれの事象を判別する。その意味において、感覚知覚にはその奥底にイデアの想起も含まれている。これは、伝統的で標準的なプラトンの解釈である。

しかし、私はそうしたエリートより街の肉屋の立場に与《くみ》する！　街の肉屋は、肉を計量する際に（無意識的であれ何であれ）キログラム原器を参照したり、それに近いと感知したりして重さを量ってはいない。自身の秤が正確と信じ、それが一キログラムを示すなら正しく一キログラムだと思っている。

同じようにイデア論においても、感覚知覚によって「等しい」と判別するときに、感覚する主体は等しさのイデアを参照しそれに近いなどと感知してはいない。ほとんどの人びとは感覚知覚において、自分自身の日常的な等しさの了解にもとづいて、等しいと判別している。その感覚知覚はイデアの想起を含まず成立しているのである。

ただし、肉屋が計量の際に何を意識しているのかとは独立に「一キログラム」とはキログラム原器の質量を指すと定められており、肉屋の一キログラムという計量は、キログラム原器の重さとは同じでなくその間には誤差がある。これと同様に、人が感覚知覚によって「等しい」と判別するのとは独立に、「等しい」とは等しさのイデアのあり方を表わす。そして感覚知覚される等しさは、等しさのイデアの等しさには及ばないのである。

「等しい」という言葉や概念は、このように、個々の使用者がそれをどのように了解しているのかとは別に、等しさのイデアを本来的に適用されるべき対象としている。一般的に言って、感覚知覚の判別に使用される言葉や概念は、主体の意識とは独立に、対応するイデアを参照しそれに届いているのだ。

感覚知覚自体はイデア想起を含まない

私が街の肉屋の友である理由、つまり国際度量衡委員会的なプラトンの標準的解釈に与しない理由を、ここで詳しく論ずる余裕はないので、簡単に二つのことを指摘しておこう。

一つは、標準的解釈とプラトンのテキストとの整合性あるいは典拠の問題である。最も重要な典拠となるはずの『パイドン』においてさえ、われわれが感覚知覚をおこなうときすでにイデアを想起し参照しているということをはっきりと支持するテキストはない。むしろ等しさのイデアは、感覚知覚される等しさが何らかの仕方で不完全であり「憧れているけれど劣っている」と認知されること、つまりある欠如した状態と理解されることにおいてはじめて参照されるのである。イデアへの参照と認知は、感覚知覚そのものの説明ではなく、日常の感覚知覚への批判的反省を通じて得られるだろう。

第二は、国際度量衡委員会的解釈自体の整合性である。この解釈では、先の紹介のなかであえてしつこく括弧で括ったような奇妙な限定が付く。つまり感覚知覚経験においてわれわれが「そうとは気づかずに」あるいは「意識せずに」イデアを感知ないし想起しており、それとの照合によって判別をおこなっていることになる。しかし「そうとは気づかずに」感知し想起すること、「無意識のうちに類似性と不完全性を感知する」ということがはたしてどのような意味をもちうるだろうか。少なくとも、説明としての不明確さを指摘せざるをえない。

感覚知覚対象とイデアとの関係

以上のような肉屋的な解釈が正しければ、プラトンにとっても、感覚知覚という経験それ自身はイデアを想起することによって成立する経験ではない。

とはいえ、プラトンは、感覚知覚についての常識的な見方をそのまま肯定していたわけではなく、感覚知覚において使用されている概念や言葉についてわれわれの日常的な理解を見直すことを促している。「等しい」と本来的に呼びうるのは、〈まさに等しいもの〉〈等しさそのもの〉としての等しさのイデアであり、感覚知覚を通じて出会うさまざまな事物の等しさは等しさのイデアに対して、等しさの点で憧れているが及ばない。

ほとんどの人びとは、そしてほとんどの知覚的判別において、そうしたことに気づいていないのが実情である。それに気づくためには、感覚知覚経験についての反省的で批判的な吟味が求められる。たとえば眼前の二本の鉛筆を等しいと認知して疑わないのは、その概念の使用者が了解している「等しさ」をそれらが満たしているからだ。しかし日常的な適用の仕方は正確ではない。「等しい」と本来的に呼びうるのは等しさのイデアであり、

「等しい」という概念は等しさのイデアに適用されるべきである。

概念や言葉は使用者の意味理解を超える

プラトンがわれわれに告げているのは、次のようなことだ。

われわれは、日ごろから使うさまざまな一般的な言葉と概念――「人間」とか「机」といった一般名詞や、「美しい」とか「等しい」といった形容詞など――を、多くのものに広く適用している。プラトンの考えに従うなら、そうした言葉が指示する対象は、実際にその言葉の使用者がその言葉に与える意味内容によって決定されるのではない。むしろ使用者の意味理解を超えて本来的対象にまで届いていることになる。

ある概念の内容や言葉の指示対象は、その使用者の頭の中にあるものによってすべて決定されるのではなく、外部の基準的存在によって制約されているのだ。大多数の人びとは、イデアという日常経験を超えるものに想い至らないし、イデア論という考え方を受け入れていない。しかし、そうした人びとにおいても、感覚知覚による判別に使用している概念は、知覚する主体自身の与える内的了解を超える。そしてその主体には手持ちの概念理解を見直し、未知の存在へと知的に開かれる可能性が与えられているのだ。

現代哲学の事例

一方的な議論だと、読者は思うかもしれない。庶民である肉屋の立場に立つと宣言したのに、結局は通常の人びとの概念や言語の理解は適切ではないことになるのか、と。

しかし以上のイデア論的な見方が、ほんとうにわれわれのじっさいの概念や言語の使い方から離反しているかどうかは、より広い視野から考えてみるに値する。少なくとも知的な探究の文脈においては、われわれの言語や概念の実際の使用はむしろイデア論の主張するような性格をもっていると思われるからだ。

たとえば、哲学者ヒラリー・パトナムに倣《なら》って、「水」という言葉を考えてみよう。この言葉は、古くからあり、おおよそ雨として降ってきたり、川や湖に溜まったりしているような無色透明な液体を指示していた。いまでも日常的には、そうした意味内容をもつ言葉として了解されている。しかし、科学的な営みにおいては、「水」は酸素と水素から構成される物質H_2Oを指示する。そうでない物質は、無色透明な液体であっても厳密には水ではない。それは水に何かが混じっているものかもしれないし、あるいは別の組成をもつ物質かもしれないからだ。

もしも「水」という言葉の指示対象がH_2Oであるなら、われわれの日常的な「水」という言葉や概念の了解は、科学的探究のなかでは修正する必要がある。これまで水に似ているがそうではないものを「水」と呼んでいるが、その「水」の用法は精確ではない。水とはH_2Oであり、「水」とは本来H_2Oを指す言葉なのだから。これは、イデア論における感覚知覚経験に対する批判的見方と同じ構造をもっている。

プラトンのイデア論が、現代の自然科学に言葉の精確な用法の決定を委ねてしまうような思想だと言いたいのではない。いま述べた「水」の用法に関する科学的知見とプラトンのイデア論との間に共通するのは、概念や言葉が使用者の与える内容を超えた、より精確な用法をもちうるということ、そして使用者は知的探究を通じてそうした精確な用法へと「目を開かれる」可能性があるということである。

感覚知覚に潜在する力

プラトンに従うなら、感覚知覚とは、奇妙な経験である。そこにはある種の倒錯が含まれている。人びとが何かを知覚し判別するとき、そこで使用されている概念は、プラトンから見れば、その知覚されている事象に十全に妥当するものではない。むしろその知覚の現場に見出されえないイデアにこそ適用されるのである。

一方でプラトンは、われわれに希望も与えている。われわれは、感覚知覚を通じて経験されるさまざまな「等しさ」は厳密ではなく、そこに欠けているところがあることを、批判的反省を通じて認識することができる。そして、そのようにして自分がまさに等しいというあり方、すなわち〈等しさのイデア〉を理解していることに想い至る。想起とは、こうした知的プロセスだった。

日常使用している概念や言葉には、使用者の了解している内容を超える力が潜在する。感覚知覚のうちに、その現実を超える可能性が潜んでいる。批判的思考がそうした潜在的な可能性を開くのだ。

イデア論は手持ちの慣れ親しんだ見方から、それと異なる知へと至る可能性を信じ、それに賭ける思想なのである。

範型と像

これまで述べたことのうちには、概念や言葉の使用についての知見だけでなく、感覚知覚される事象とそれと対応するイデアとの関係という存在にかかわる論点も含意されている。

例の比喩を使って話を続けよう。肉屋の計量する肉が「一キログラム」と判別されるのは、キログラム原器の重さが規準となって、肉屋に計量された肉の重さがそれに近似しているからである。

感覚される事象とイデアも、それと同様の関係にあるとプラトンは考える。目前の二本の鉛筆が等しいのもそれが等しさのイデアに近似したものであるからである。一般化すれば、感覚されるものがある特定の性質や特性をもっているのは、対応するイデアと「似ている」あるいは「近似している」がゆえにそうなのだ、と。

ここで重要なのは、両者の間には、類似の関係とともに一方が他方の原因根拠であるという非対称的関係が存在することだ。

プラトンには、この二重の関係をうまく表現する語彙があった。「原物と写し」あるいは「範型と像（似像）」といった言葉である。こうした語彙は、たとえば肖像画「モナリザ」とそのモデルとなった女性リザとの関係を表わす。この場合「モナリザ」はリザに似ているが、それは彼女の像であるからだ。像のもつさまざまな性質の根拠も、またその名称の由来も、そのモデルにある。その意味で「範型と像」という関係は、プラトンの考えるイデアと感覚される事象との関係を的確に表わすと言えるだろう。

また、この範型と像の関係によって、感覚される事象がイデアに「憧れているが劣っている」ことも説明できる。少なくとも写実的な描写であれば、肖像画はモデルに似ているが、同時にそのモデルそのままを実現することはできない（それがたとえどんなに画素数が多い写真であってもそうである）。同様に、感覚されるそれぞれの美しさは、その範型である美のイデアに近似的だが、それに及ばないのである。

　感覚される世界のあり方をイデアの似像として描き出すことによって、プラトンは、それぞれの感覚的認知がイデアを想起する機縁となる理由も与えている。等しさのイデアの想起の機縁となるのは、「等しい」という感覚的認知である。それは、等しいと判別される事象が等しさのイデアの像であるという関係を結んでいるからだ。

　以上の意味で、範型と像という概念によるイデアと感覚対象との関係の記述は、イデア論の世界像を的確に描き出している。われわれが生きる世界はこのような像的な性格をもっている。世界がそのような仕方で構成されたものであることを、プラトンはより後の著作である『ティマイオス』において宇宙創造の物語として描写している。この感覚されるこの宇宙の全体は、その制作者がそれぞれのイデアを範型（モデル）としてそれに目を向けて造ったのである、と。

――ただしプラトンは、イデアと感覚される事象とのこのような関係づけに対しても、やがて批判的な眼差しを向けることになる。これはプラトン哲学の展開のなかでもスリリングな議論の一つであり、またその解釈はプラトンを研究する人びとにとって重要なテーマなのだが、この本では詳しく展開する余裕がない。関心がある方は本書の「コラム3」をご覧いただきたい。

知の主体としての魂

以上のイデア論の基本的な考え方を、あらかじめ示したプラトン哲学の見取り図に照らしてみるなら、イデア論は「知と真理を配慮せよ」という哲学宣言の勧告を出発点として積みかさねられた思考の成果であることは明らかである。

そしてイデア論は、「魂を配慮せよ」というもう一つの勧告とある仕方で深く関係している。イデア論が本格的に表明された『パイドン』は、古代以来「魂について」という副題が付けられているように、対話篇全体の主題はむしろ魂のあり方、その行方であった。

事実この対話篇が描き出すのは、牢獄のソクラテスが、魂は不死であり不滅であるか、ということをめぐって親しい人びとと対話し、やがて毒を仰いで死んでゆく様子であった。

そのソクラテスは、イデア論と関連する文脈において、魂を知の主体として位置づける。イデアとは感覚知覚を通じては認識できず、知的思考によってはじめて認識される存在であるが、その知の主体となるのは各人の魂にほかならないからだ。その結果、魂は身体と鋭い対立のもとに置かれることになる。

ソクラテスは、身体がその魂の知的認識の邪魔をすると語る。視覚や聴覚などは、感覚されるものこそが物事の真の姿を示しているとわれわれに思わせるからだ。たしかに未使用の二本の鉛筆は長さがほんとうに等しいと多くの人が思うだろう。映画『ベニスに死す』の少年タジオこそ美そのものだと言い張る人もいるだろう。その場合に、それぞれの認識はそこで完結するので、等しさのイデアや美のイデアへ想い至ることはない。

さらに重大な妨害者は、飲み食いの欲望や性的快楽、そして怒りや悲嘆などの感情である。これらは知的な思考を妨げ煩わす。これらはすべて身体に由来するはたらきであるとソクラテスは主張する。

人が経験するどんな快楽、どんな苦痛でも、その一つ一つは、いわば鋲《びょう》でも秘めているがごとく、魂を身体に釘付けにして固着し、これを身体的なものに同化して、その結果魂は身体が主張することならなんでも、そのまま真実であると考えるようになる。

（『パイドン』83d）

プラトンはさらに、身体のかかわる領域を、五感で感じる範囲から大きく拡大している。現代でも、人びとが知的に物事を考える活動を阻害する最大の要因は戦争や内乱であるが、彼はその原因は身体的欲望であると考える。「すべての戦争は財貨の獲得のために起こるが、財貨を獲得しなければならないのは身体のため」(66d) だからである。

これらすべての身体の影響をできるだけ斥けて、その軛《くびき》から解放され純粋になった魂こそが、はじめて真の実在であるイデアを観ることができるのだ。イデアを知るものとしての魂は、身体的影響からの純化と知的活動へと集中することが強く求められる。魂は知の主体でなければならない。

以上の事情から、プラトンは「哲学とは死の練習だ」といういささか物騒なメッセージを発する。というのも、知を希求し哲学に集中するためには、ほとんどの欲望や快楽を斥けること、すなわち魂を身体からできるかぎり解放することが必要であるからだ。もし通常の語り方に従って「魂が身体から離脱すること」が「死」と呼ばれるのであれば、哲学とは身体的影響から自由になる試みであるから、「死の練習」にほかならない。

身体と魂との対比は鮮烈であり、読者に強い印象を与えずにはおかない。事実こうした議論は、心身の二元論、あるいは霊肉の対立を示すものとして後の思想史に大きな影響を与えている。

欲望と快楽の帰属

しかし一歩踏み込んで考えてみると、この対比は問題含みである。それ自身の内的な整合性に疑問の余地があるし、また前章で見届けた魂と徳についての考察と必ずしも円滑に接続できるようにはみえないからだ。

まず、対比される魂と身体との関係には曖昧なところがある。プラトンがそうした欲望や快楽を感じる主体を身体だと考えた、と言い切ってしまうことはできないからだ。この場合の「身体」(ギリシア語で「ソーマ」、英語ではbody)は、たんなる「物体」(同じく「ソーマ」ないしbody)ではなく、何かを感じ、切れば血が出るような、生きている身体である。すでに述べたように、当時のギリシア人にとって、「生きている」とは魂をもっていることにほかならなかった。生きることを可能とする原理が魂だからである。

身体は生きており、そこにはすでに魂が宿りはたらいている。身体に多くの欲望や快楽が帰属するとしても、その身体が魂を宿したものである以上、身体は魂から独立に何かを認知し感じる主体ではない。「身体的な」生であれ、それを営むのは魂である。イデアの「超越」と連動させて魂の身体からの離在などと言いだすと、困難は倍化する。イデアが感覚的世界に存在しないこととの問題性を魂にまで波及させることになるからである。

とすれば、身体が魂にとって牢獄だったとしても、魂が身体から離れるだけでは、何も問題は解決しない。『羊たちの沈黙』の殺人鬼レクター博士が脱獄したところで、その凶悪さにはかかわりがないように。

徳ある生と魂

より深刻な問題は、プラトンの考察が目指すこと、そして前章において考察されたこととの整合性である。「ソクラテス―プラトンの哲学宣言」が人びとに求めたのは、魂のすぐれたあり方である徳に従って生きることである。前章の徳をめぐる考察では、徳と知のむすびつきは示唆されながらも、アクラシアーを否定する議論において構想されるのは、感覚や欲求、あるいは感情を無視するかのような知（快苦の計測術）であることを確認した。『パイドン』では、そうした心的なはたらきははっきりと考察の俎上《そじょう》に載ってはいるが、哲学活動のために魂からは排除されるべき存在となっている。

しかし哲学者であろうと、現実の生を送るためには身体は不可欠の基盤である。食欲などの身体的欲求は生きていくために必要であり、またその生を別の個体へと繋いでゆく生殖活動にとって性欲は本質的である。そうした「身体的」欲求や快楽を否定することは、そもそも人間が現に生きていくための条件を破壊してしまうだろう。それらは登ったら投げ捨てるべき梯子《はしご》でさえない。むしろ知的思考を可能とする条件でもあるのではないか。

じつはプラトン自身も、哲学に集中することが、少なくとも通常の意味での徳に従った生き方と異なることを主張している。ソクラテスは次のように語っている。

最も幸福な者たち、そして最もよき場所へと赴く者たちというのは、民主的でポリティカルな徳を心がけてきた人びとではないだろうか。つまりその徳というのは、節度とか正義とか人びとが呼んでいるものであるが、そうしたものは哲学や知性を伴わずに、ただ習慣や訓練から生じてくるものなのだ。〔中略〕だが、神々の一族に仲間入りすることは、哲学に励んだうえで、完全に正常な状態になってこの世から立ち去るものでなければ許されず、それはただ学びを愛するものだけに許されるのだ。

（『パイドン』82b-c）

プラトンにとって「哲学」という営みが、身体的な生も超え出た次元を指向する局面があることの表明である。

しかし繰り返すが、その哲学の営みが、そこにのみ安んじていることはできないことも明らかだろう。「ソクラテス―プラトンの哲学宣言」が「哲学」と呼ぶのは、人びとに自身の生き方を吟味させ変更させることを目指す活動であった。前章で辿ってきた魂と徳をめぐる考察はそのことをはっきりと示している。知と真理についての考察が導くイデア論も、人びとに日常的経験の自明性を反省させるとともに、それとは別の見方と生き方へと導くものであったはずだ。

一方の現実の生に対する批判とその変革の試み、他方の身体性を脱した純粋な魂としての生き方への指向、この二つはどのような関係にあるのか――。次にみる『国家』での考察は、ある仕方で、この問題に応答している。

第六章　魂の分割――『国家』その1

『国家』が問うもの

本書の冒頭で触れたように、「過去の偉大な哲学書」を選ぶ投票においてトップに選ばれたのがプラトンの『国家』である。この二四〇〇年ほど前の書物がそれほどまでに評価されるのは、投票者たちも認めているが、その主張が正しいとか納得がいくものだからではない。この書が人間と社会、そして世界全体に対する一つの強力なヴィジョンを与えるからである。

まず、この著作の表題だが、「ポリーテイアー」というギリシア語で、これはポリスの組織や制度を基本的に意味する。他方、全編を費やして論じられるのは、各人の正義と不正であり、それらと幸福との関係である。ポリスのあり方もその関連で考察される。主題となる正しい人と幸福との関係について設定された問いは、ここでもまたラディカルである。正義はその人の益となり正しい人は幸福であることを説こうとするソクラテスに対して、対話相手のグラウコン（実生活ではプラトンの兄）はギュゲスの指輪という一種の思考実験を持ち出す。ギュゲスの指輪とは、その名前の羊飼いが偶然手に入れた指輪で、その玉受けを回すことによって透明人間になれる不思議な力をもつという。

この挿話を使って、次のような問いが立てられる。ギュゲスの指輪を使って上手に立ち回ることで、不正な人は不正のかぎりをはたらいても正しいという評判を受けているが、正しい人は不正を何一つはたらかないのに不正であるという評判を受けているとしよう。それでも正しい人は幸福なのか。正義はその人にとって善であるのか。——プラトンはこの大著の全体を通じてその問いに肯定的に答えている。

その議論のなかで、欲求や快楽、あるいは身体を持つ人間のあり方について多くが論じられ、魂の概念をより豊かなものとしている。また、イデアとその知についても、その成立根拠にまで議論が及んでいる。プラトンは『国家』において「ソクラテス—プラトンの哲学宣言」が告げること、すなわち人びとが知と真理、そして魂へと配慮することの実現のためにさらに思考を進めていると言えるだろう。

ポリスと人間の同型性

対話を主導するソクラテスが、正しい人の幸福をめぐる問いに答えるためにとった方策は、まずポリスの正義と不正、正しいポリスと不正なポリスを特定し、それを各人の魂へと当てはめて正しい人の善や幸福を論じようというものだった。この方策をとったのは、一個人においてよりもポリスという「より大きなもののなかにあるもののほうが、いっそう大きくて学びやすい」からだと、ソクラテスは控えめな語り方をしている。

しかしポリスにおける正義は、当然のことながら、ポリスを構成する人間のあり方と密接にかかわり、ひとりひとりの正義の実現も、ポリスのあり方に大きく影響される。プラトンにとって、各人の生き方にかかわる倫理的問題とポリスの形態、制度や運営というポリティカルな（字義通りポリス的な）問題とを切り離して考察することはできない。

事実ソクラテスは、正しいポリスをそれがどのように形成されるのかから論じていくが、そのなかで重要視されるのはポリスを構成する人びとの教育の内容と方法であり、それによって形成される各人の魂のあり方である。

古代ギリシアにおいて、ポリスのあり方とポリスに暮らす人びとの関係は、近代国家とその国民の関係よりも、はるかに密接だった。他国の脅威や戦争の危険はよりリアルであり、アテナイなどのポリスにおいては、市民はポリスの防衛のために義務として武器を自弁して武装する必要があった。そのために、市民は自分たちがポリスを構成しているという実感を強くもっていたであろう。ポリスの運営や制度、あるいはその繁栄や没落と、ポリスの構成員の暮らしや幸福、そして生死とは、互いに織り合わされていたのである。

この点で古代のポリスと市民との関係は、近代の国民国家における個人と国家の関係とは異なる。近代の国民国家は、中央および地方に、統治のための巨大な組織と強力な官僚機構など多様な機関を有している。個人と国家とのかかわりも、選挙の投票や役所への届け出、警察の取り締まりなど比較的直接的なものから、政府によるマスコミへの暗黙の圧力、教育機関に対する予算配分による締めつけなどさまざまな形態をとっている。そのなかでいわゆる倫理的問題は、主として個人および個人間の関係において問われており、政治や国家との関係を見通したり感じ取ったりすることはむずかしくなっている。

しかしだからといって、現代においては個人の生き方や幸福、価値規範の問題がその人が属する共同体や社会とのかかわりを抜きに考えられる、というわけではない。倫理的な事柄が政治的でもあることにかわりはないのだ。

『国家』において、最終的には「正しい人は幸福か」という問題を論じながら、それが個人とポリスの両方のあり方に及んでいるのも、両者の密接な関係についてのプラトンの認識があったからである。魂の正義は、ポリスの正義と切り離せないのである。

ポリスの三階層と魂の三部分

そのような関係にある魂とポリスのそれぞれのあり方を理解する鍵となるのは、三分割である。

まずポリスは、「守護者」「補助者」「生産者」と呼ばれる三つの階層から構成され、それぞれの階層はポリスが成立するために必要な機能を担っている。

「生産者」は、ポリスに住む人びとが生きていくために直接に必要なもの、すなわち食糧、衣料、住居などを生産する活動と、それらを人びとが手に入れることを可能とする商取引などの経済活動を担う。さらにこうしたポリスの生産と経済を維持するために、自国の防衛や新たな領土の獲得を担う軍務に携わる「補助者」と呼ばれる人びとと、敵味方の適切な判別などを通じてポリス全体を導く「守護者」と呼ばれる人びとが必要である。

守護者には、自国の特定の人びとだけの利益を配慮したり忖度《そんたく》したりするのではなく、「ポリスの全体のために、自国内の問題についても他国との関係においても最もよく対処できる知識」が求められる。軍務に携わる人びとが「補助者」と呼ばれるのは、本来この守護者のために役立つべき機能を彼らが担うからである。

そのうえでプラトンはポリスにおける正義の在処《ありか》を、その階層を構成する人びとの活動、そしてその関係のうちに見てとっている。すなわち正義とは、それぞれの階層が他の階層を妨げることなく自分自身の固有のはたらきを果たすことである、という。

こうしたポリスの階層の分類に対応するかたちで、魂も三つの部分に区分される。その区分が導入されるくだり（第四巻）では、各部分はおおよそ次のように規定される。

(i)理知的部分　われわれが理にしたがって物事を知り、理解する部分

(ii)気概的部分　怒り、気概、恥などを感じる部分

(iii)欲望的部分　食欲、性欲などの身体的欲望を感じる部分

魂の正義、つまり正しい魂も、ポリスのそれと同様に、それぞれの部分が他の部分のはたらきを阻害したり侵犯したりせずに自身の固有の機能を果たすときに実現する。

プラトンは、このような区分が魂の構造について唯一の見方だとは考えていない。むしろ暫定的な見解であり、後に確かめるように（一九七頁以下）、これとは別の魂の理解も保持している。とはいえ、こうした区別は、『パイドロス』をはじめとした他の対話篇でも論じられており、プラトンにとって有力かつ重要な見方の一つであったことは間違いない。

人間の動機の多元性

ソクラテスは魂の部分を導くためのいくつかの論拠を示しているが、その中心となるのは、行為を選択するうえでのいわゆる心的な葛藤という事実である。先に言及したアクラシアー（抑制のなさ）と呼ばれる現象がその典型である。彼女と過ごしたいという欲望とそれを避けようとする思いが争うという例のケースの場合、『国家』でのソクラテスであれば、それぞれが魂の異なる部分――この場合は理知的部分と欲望的部分――のはたらきだと認定することになるだろう。魂には互いに異なる動機を与える部分が存在するのだ、と。

魂の内部に部分を認めるのは、このように同じ人が同一の事象に対して同時に異なる態

度や構え、受けとめ方をするからである。この態度や構えの相違は、広い意味での欲求の相違といってもよい。事実、『国家』第八、九巻の記述は、三つの各部分にそれぞれ異なる種類の欲求を帰属させており、このことはいっそう明瞭となっている（したがって、伝統的にはしばしばそのように解釈されてきたが、魂の三区分は知・情・意の区別や、理性と感情と欲求という区別には対応しない）。

不倫相手と過ごしたいという欲望に従うなら欲望的部分の性愛は満足されるだろうし、理知的な部分のそれを避けよという指示に従うなら円満な家庭状況を維持する安心が得られるだろう。このそれぞれは異なる種類の態度ないし欲求であり、その対立を、たとえば得られる快さの量といった一つの尺度で比較することはできない。一つの物差しで線分の長さは測定できても、色の濃度と時の経過を測ることはできないように。広義の欲求には異質であり一元化できないことが三区分説の論拠である。

そしてこのように対立する動機は、プラトンの診断によれば、ときどきの状況で千差万別というのではなく、おおよそ系統的に互いに異なる三つのタイプに集約される。そしてそれぞれはその主体となる異なる魂の部分に帰属するのである。

三区分説はこのように、人が特定の行為を選ぶにいたる動機には一元化できないものがあることを承認する。人間という存在そのものが一枚岩ではなく、ある複合的性格をもつということだ。これは、人間のあり方についてプラトンが到達したひとつの理解である。

欲望的部分

欲望的部分の代表的はたらきは、身体的な欲求や快苦を感じることである。『国家』では、飢えや渇きを感じることも、セックスの喜びを求めることも、身体への帰属を解かれて、魂の内部に正式に居場所を認められたのだ。『パイドン』で強調された魂の知的はたらきと身体的欲求や快苦との対立は、魂の内部での対立として明確に特定されたのである。

これは人間の具体的な生き方や生活を考えるなら、当然の帰結である。ポリスの場合に、その一つの階層に属する生産者がポリスの構成員の生存の基礎を担うように、欲望的部分の食欲や性欲などは人間の生物としての生存に必要な生理的な欲求である。欲望的部分はそのように、人間の「生きる」ことが含む生物的な局面にかかわっている。

ただし欲望的部分に属するのは、狭い意味での生理的欲求にとどまらない。この部分が「金銭を愛する部分」とか「利得を愛する部分」とも呼ばれていることが示すように、金銭や富に対する欲望もこの部分の主要な欲望の一つである。プラトンによれば、欲望的部分に由来する不法な欲望に支配された人間は、両親を虐待し財を巻き上げたりすることからはじまり、最終的には共同体のなかで独裁者にまでなる。ソクラテスはその成長ぶりを次のように語っている。

眠りのうちに目覚めるような欲望のことだ。……それはあらゆる羞恥と思慮から解放され釈放されたかのように、どんなことでも行なってはばかるところがない。すなわち、想像の上ながら母親と交わろうとすることにも、その他人間であれ神であれ動物であれ、誰かまわず交わろうとすることにも、何のためらいも感じない。どんな人殺しでもしようとするし、どんな食べ物にでも手を出して控えることをしない。要するに、愚かさにも無恥にも何ひとつ不足するところはないのだ。

（『国家』571c-d 藤澤令夫訳 以下同）

プラトンはフロイトの言う無意識の領域あるいはエス（イド）をすでに理解していた、と言いたくなるような描写である。プラトンは、欲望的部分の欲求が、意識されなくとも、人間のあり方に強く作用していることを洞察していたのだ。

現代の理論家たちなら、こうした記述から、プラトンは身体的欲求の社会性や社会構築的性格を見てとっていたと評価するかもしれない。たしかにプラトンは、この部分の欲求が経済や社会に媒介されて富への欲望や帝国主義的野望が増殖することを冷静に観察している。ただしプラトンにとって、こうした欲望の基盤となっているのは、人間の身体性でありその生物的性格である。人間が身体とともに生き、金銭や利得への欲望も人間の生物学的な現実に由来するという現実とその意味を、プラトンは真剣に受けとめていた。

だからプラトンはこの部分の欲求を排除したり、そのはたらきを抑圧したりすべきだとは考えない。そもそも生物学的基礎を欠いて生きることは不可能である。むしろ他の部分のはたらきを阻害しないという条件のもとで、この部分がその本来の機能を発揮できることが望ましい。魂のうちに正義が実現するには、欲望的部分もその固有のはたらきを遂行することが必要なのである。

気概的部分

気概的部分という区分けには、『パイドン』での魂の議論には見られなかった新たな論点が含まれている。『パイドン』では、憤りや恐れ、恥などのいわゆる感情も身体的欲望と区別されることなく身体に帰属させられ、知を希求する魂はそれらすべてから浄化されるべきことが強調されていた。『国家』の三区分説では、こうした感情などは身体的欲望とは区別され、独自の機能をもつことが認められて異なる部分に帰属する。

他方でこの気概的部分に帰属するはたらきは、怒り、悲しみから名誉や勝利への欲求など多岐にわたるため、その統一性についてしばしば疑問が投げかけられてきた。しかし少なくとも、二つの特徴を指摘できるだろう。

その一つは、社会的性格である。この部分は、怒りや恥などを感じるだけでなく、勝利や名誉を求めるという性格をもち、そのため「勝利を愛する部分」とか「名誉を愛する部分」とも呼ばれる。憤りや恥、あるいは勝利や名誉への愛着は、それが身の回りの人間であれ共同体全体に対してであれ、自己以外の人間に対する参照を含んでいる。

たとえば憤りとは、アリストテレスの言うように、自分自身か自分自身が関係する人に対して不当な扱いを与えた人に対する感情である。恥を感ずるのは、他者の目を意識して自分にあるネガティヴな評価を与えるからである。その意味で、気概的部分は、たんなる身体的生物的な局面とは異なる、対他的で社会的な存在としての人間のあり方を反映していると言えるだろう。

人間は、家族から友人、そして共同体に至るまで、大小のさまざまな人間関係のなかで生きていく。気概的部分に独自のはたらきと重要性を認めるプラトンは、そうした人間の社会的現実と向き合って考察しているのである。

もう一つのこの部分の特徴は、その実働的性格である。もともとこの部分は、ポリスにおいて補助者が統治者を補助する任務を与えられていることと対応して、本来は魂の理知的部分に協力的である。さらにポリス内の補助者の階層が統治者の判断に従い実際の軍務を遂行するように、気概的部分は理知的部分の考えを実践するうえで大きな役割を果たす。

われわれが自分自身の振る舞いや行為をふりかえるなら、たしかに、気概的部分に帰属するさまざまな感情がその動機として大きな役割を果たしていること、とりわけ欲望的部分のはたらきに抗する力となっていることに気づくだろう。たとえば恥の感情は、しばしば性的願望を追求することに対する抑止力になる。不当な差別に対する憤りは、それが経済的利益を求める欲望的部分に反したとしても、正当な抵抗と批判の原動力となるのだ。

ただし、気概的部分が理知的部分に協力するためには「悪しき養育によってだめにされないかぎり」という条件が付けられている。じっさいこの部分は理知的部分に従わず、それ自身の欲求である名誉欲にかられて人を妬んだり、怒り狂って暴力へと導くこともある。さらに深刻なのは、欲望的部分に追随し、その欲望を果たすためにはたらく場合だろう。ソクラテスは欲望的部分を野獣（多頭の怪物）に、気概的部分をライオンに譬《たと》えて、その支配の様子を「金銭のため、またその獣の飽くことなき欲望のために屈辱に甘んじさせて、ライオンであることをやめて猿になるように、若いときから習慣づける」（590b）と表現している。

気概的部分は、アメリカ大統領選の勝敗を左右するスウィング・ステートのような性格をもっており、その教育次第で、理知的部分のためにも欲望的部分のためにもはたらく。ソクラテスがこの部分についての説明のなかで、とくに教育のあり方を力を込めて詳細に語っているのも、こうした事情があるからだ。何を美しいと感じ、何を醜いと感じるのか、という一種の感情教育ないし情操教育が、この部分がどちらを向くかという鍵を握っているのである。

適切な養育と教育、習慣づけがおこなわれるなら、この部分はいわば自然と理知的部分と協力関係に入ることになる。アクラシアーについての考察において示したように、われわれは、有徳な人は（たんに抑制的である人と異なり）得失の計算などを介さずに、徳ある行為を選択すると考える。それはこの気概的部分がそのように習慣づけられ養育されていることに大きく負っている。

理知的部分

理知的部分は、文字通りにはロゴス（理）に従って思考し、物事を知り、理解するという役割を果たす。ただしこの部分に帰属するのは、たんなる知的あるいは認知的な機能だけではない。この部分もまた、独自の欲求をもつ。それはまず、知への欲求である。

しかし他の二つと比べたとき、理知的部分の際だった特徴は、それが他の部分を含む魂の全体を、つまりその魂をもつ人の生き方全体を配慮するということにある。「理知的部分には、この部分は、知恵があって魂全体のために配慮するものであるから、支配するという仕事が本来ふさわしい」(441e) のであり、「この部分もまた［ポリスを統治する守護者同様に］、三つの部分のそれぞれにとって、またそれら部分からなる自分たちの共同体全体にとって、何が利益になるかということの知識を、自分の内にもっている」(442c)。

理知的部分の求める知とは、何よりも魂の全体が益されるような知である。したがって、この部分のはたらきやそれのもつ意義は、以下でみるように、魂の諸部分と全体との関係を考察することを通じて明らかになるだろう。

三区分と正義

魂の三区分説は、人間の現実への観察と分析にもとづいている。人間は、身体を伴う生物であるとともに、また仲間や敵とつきあい、共同体のなかで暮らしており、そのあり方は幼少時からの教育に大きく左右される。こうした人間の営み全体に対する視点が、魂においてもポリスにおいても正義を実現するという変革のために求められたのだ。この三区分説の意義は、『プロタゴラス』ではそれを否定するような議論が展開されたアクラシアーや心の葛藤を積極的に肯定する点に求められることが多いが、それは三区分説が、以上のような基本的視点をもっていることの一つの反映でしかない。

正義は、ポリスの三つの階層や魂の三つの部分のそれぞれの独自性と異質性を認めたうえで、ポリスであれば守護者、魂であれば理知的部分の導きのもとでそれぞれが他を阻害せず独自の役割を果たすことによって実現する。求められるのはその相互間の調和的関係であり、特定の階層や部分が他を抑圧したり独裁的に支配したりすることではない。そのような抑圧や独裁は、不正なポリスや魂において観察される。特定の部分が専制的に支配し、魂の全体にある種の同質性を強いるのである。

力学的モデル

すると、魂の三区分説は、それぞれの部分のもつ動機と実際に選択される行為との関係について、二つの異なるモデルを提供していると言えるだろう。

複数の動機から特定の行為へと至る経路のひとつは、「強い者勝ち」である。つまり、各部分の欲求や動機は、異質ではあるが、それぞれにある行為へと導くある牽引力をそなえているので、このうちで最も強大な力をもつ部分の動機が、それの目指す行為へと導くのである。もし二つ以上の部分が同じ行為へと動機づける場合は、その力は合成されてより強力となるだろう。各部分のもつベクトルを合計することで選択される行為が算出されるのである。そこで、この考え方を「力学的モデル」と呼ぶことができる。

ソクラテスが描く独裁者的で不正な人の魂はそのようなものである。人間の魂はその内部に欲望的部分である〈多頭の怪物〉、気概的部分である〈ライオン〉、そして理知的部分である〈人間〉を抱えているが、不正な人間は、「動物たちのどちらかが連れて行くままにどこへでも引っ張られていくように」(589a)なった人間である。

このようなモデルで理解するなら、たしかにその人の起こした行動はベクトルの合算の解として導ける。ここでは、魂のそれぞれの部分は互いに独立したままであり、その行為者の振る舞いはそうした複数の力の綱引きの結果である。つまり、その行為者の魂は部分のいわば集積でしかなく、統一性を欠いている。

統治的モデル

しかしプラトンは、これとは異なるモデルも提供している。それによれば、三つの部分は、力学的モデルの場合のように、同列に並んで力を競い合うものではない。

ここで重要となるのは、理知的部分の役割である。理知的な部分は、それ自身が行為の動機の一つの種類を形成するだけではなく、他の部分に指令し全体としての調和をはかるという機能をもつ。つまりどの部分の動機を優先すべきかを考慮し、そのうえでその一つに優先権を与えるのである。言ってみれば、各部分の欲求のレベルより一つ上のレベル（高階）で機能しているのだ。このような三区分説の理解を、魂の区分にポリスの階層構造を反映させているプラトンの意図を汲《く》んで、「統治的モデル」と呼ぶことができる。

統治的モデルによる魂の理解は、『パイドロス』（246a-b, 253c-254e）における二頭立ての馬車の比喩において、より印象的に示されている。ここでは、人間の魂は、それぞれ善と悪を表わす翼をもつ二頭の馬と、その手綱をとる馭者《ぎょしゃ》というイメージに表象される。

魂の馭者は、二頭の馬の手綱を取りながら、かつては天空を駆けめぐり諸々のイデアを見てとっていた。やがてこの天空の世界において、悪い方の馬に煩わされてイデアを見損なった魂が、そのために翼を傷つけられて地上に墜落し、人間の身体のなかに宿ったのである。「恋」（エロース）と呼ばれるのは、この世界において美しい人に出会うことをきっかけに、かつて見た美のイデアを想起し、魂の翼の芽生えを促されることである。

この美しい描写において、馭者は理知的部分に、よい馬と悪い馬は、それぞれ気概的部分と欲望的部分におおよそ相当する。そして理知的部分が、二頭の馬の力を制御しながら、馬車をある特定の方向へと導く。魂の動きの方向を最終的に定めるのは、二頭の馬の力比べではなく、その手綱を取る馭者による方向づけである。

何が行為を決定するのか

これに対して力学的モデルによってこの比喩を読み直すとすれば、それは、馭者をたてず、いまの二頭に加えて賢そうな馬を繋いで三頭立てにして馬車の動きを説明することに相当する。馬車の進む方向は、三頭の馬の力関係によって説明される。

このモデルによると、馬車が実際に進む方向は、どの馬が進もうとした方向でもないということもありうる。たとえばそれぞれの馬の力強さはほぼ同等でかつ進もうとする方向が一二〇度ずつズレているとすれば、馬車はどの方向にも進まない。つまり行為者の振る舞いが三つのどの動機にも対応しないような場合が想定可能である。このモデルでは、行為者は、馬の力関係によって進む馬車のような存在、つまり複数の動機の係留場所のようなものに過ぎないからである。

以上の事情は、力学的モデルでは、行為と行為者の概念を説明できないことを示唆しているのではないか。なぜなら、いまのような場合は、人は（動かないことも含めて）ある動きをするが、それを引き起こした力の合算はその運動の原因であっても、行為者が「なぜおこなったのか」という行為の理由を示さないからである。

しかし一般的に言って、それぞれの行為には、意識されていなくても、何らかの理由や目的があるように思われる。キーボードのaを押すのに、その目的を意識することはないが、なぜそうするのかと尋ねられれば、急ぎの論文を書くためだとその目的を語ることができる。このように理由や目的を伴う場合に、はじめてわれわれは、ある動きを行為と呼び、その主体を行為者と呼ぶのではないか。

他方で統治的モデルにおいては、二頭の馬はそれぞれ独自の方向と強さで動こうとするだろうが、馬車の進む方向は最終的には馭者の選択に依存する。つまりこのモデルでは、馭者に相当する理知的部分のはたらきにもとづいて人はその行為を選択したのであり、行為者はその理由を与えることができるのだ。行為は一人の行為主体に正当に帰属され、したがって行為者はその行為の責任も引き受けることになる。

こうして統治的モデルは、各部分の独自性を認めつつ、理知的部分の統治者的なはたらきを通じて、ある振る舞いがひとりの行為者に帰属する行為であるための条件も示唆している。それはまた、魂が全体として一つであることの条件でもあるだろう。

人間は合理的にも不合理な仕方でも行為をする。そしていずれもその人の行為であるかぎり、行為者としての責任が帰される。これらの一見平明な事実は、心と行為をどのように理解するかを考えるうえで最も基本的な問題である。プラトンの魂の区分という考え方は、まだ荒削りなアイデアであるが、それを問題とする一つの形式を明晰に示したのだ。行為の哲学の原点の一つは確実にここにある。

第七章　哲学者と善のイデア——『国家』その2

「より長い道」へ

生きることの原理である魂について、プラトンは以上のような考察を積みかさねてきた。それは歴史的に見るなら、人間の生き方、生のあり方をめぐる多元的な理解という一つの思考の伝統を形成した。

しかしそのような魂の理解にとって、「知と真理」の探究の一つの帰結であるイデア論はどのように関係するのだろうか。それが理知的部分のはたらきにかかわることは推測できるが、三区分説をめぐる議論のなかではイデア論に対しては何の言及もない。

『国家』においてそうした考察は、ソクラテスが「わき道」と呼ぶ議論に属している。「わき道」といっても、ソクラテス自身、「より長い道」とも呼んでいるように、それは全一〇巻のうち中心部の三巻を占める重量級の考察であり、そこにおいてイデア論、そして「善のイデア」が語られる。そのため、この「わき道」こそ、プラトンの哲学の本道、あるいはむしろその頂《いただき》へと至る途と考えられてもいる。しかしともかく重要なのは、以上のような魂や徳にかかわる考察と、イデア論をはじめとした知と真理を真正面から問う考察とを、思考がたどる別の道として区別して論じていることだ。

「わき道」に至るきっかけとなったのは、ソクラテスの大胆な提案である。ソクラテスは、対話のなかで建設しているポリスにおいて、男女が同一の教育を受け同一の仕事へと従事すること、女性および子供が共有されることを主張するが、この大胆な提案から、そもそもこの正しいポリスが実現可能なのかという問題へと話題は転じる。

そして実現可能性とその実現の仕方への問いに対して提示されるのが「哲人統治者」すなわち、哲学者が統治する、あるいは統治する者が真の意味で哲学する、という政治権力と哲学との一体化という構想である。

しかし、哲人統治者という構想は、当時の人びとにとって驚くべき政策だった。ソクラテスは「けっしてばかにならぬ連中が、……ひどい目にあわせてやるぞとばかり、血相かえて押し寄せてくる」(474a) ようなプランだと認めている。しかし著者プラトンは真剣であった。この政治体制が実現しないかぎり「国々にとって不幸のやむときはないし、また人類にとっても同様である」(473d) と考えるからだ。

では哲学者とはどのような人なのか。あるいは真の意味で哲学するとはどのようなことなのか。――イデア論へと導くのは、この問いであった。ソクラテスは、この問いに次のように応答する。「哲学者」とは文字通り「知を愛する人」であるが、その知の対象となるのは感覚される事象ではなくイデアである。哲学者である統治者は、知の対象であるイデアに目を向けなければならない。

プラトンは、ここでそれまでの議論とは異なる別の思考の次元へと移行している。三区分説にもとづいて正しい人と正しいポリスを説明する過程ではほとんど触れることのなかった「哲学」と「哲学者」を、新たにイデア論を導入することを通じて規定し、そのポリスのなかに位置づけようとしているのだ。

しかしプラトンにとって、「哲学」と「哲学者」を規定するためには、イデア論だけでは十分でなかった。プラトンはここでさらに思考のアクセルを深く踏み込む。哲人統治者には、イデアの認識にとどまらず、さらに学ぶべき事柄、いやむしろ「学ぶべき最大の事柄」があり、それが善のイデアであると主張するのだ。「わき道」あるいは「より長い道」と呼ばれるこのような思考の経由がなぜ必要であり、またそれは何を意味するのか。とりわけイデア論に加えて善のイデアなるものがなぜ語られなければならなかったのか。ともあれ、まずその構想がいかなるものかを「太陽」と「洞窟」の比喩を中心に見届けよう。

善という言葉と比喩による語り

善のイデアは、簡単に言えば、諸々のイデアが存在することと認識されることの原因根拠となるものである。壮大な形而上学とも呼べそうなアイデアではあるが、その理解のためには、それを表わす言葉と語り方にも留意したほうがよい。
「善」つまり「よい」は、これまでも触れてきたが、ここでも、道徳的な善悪に限定されず、有利ないし有益という意味を基本とする。この善のイデアが学ぶべき最大の事柄だという理由は、それを知ることによって、正義であれ何であれはじめて有用・有益になり、役に立つからだ。善のイデアは、倫理や道徳にかかわる原理として持ち出されたのではなく、きわめて平易な意味での「よさ」を出発点として構想されたのである。

他方で、ソクラテスは、善のイデアとは何であるか、という問い自体に答えることはできないという理由で、「太陽」「線分」「洞窟」という三つのイメージに訴えてこの善のイデアの説明を試みる。善のイデアが「何であるか」を正面から語ることができない理由は明示されていないが、プラトンがそれを言葉で表わすことの孕《はら》むある撞着的な困難を察知していたからかもしれない。

イデア論にもとづくなら、われわれの使用するさまざまな言葉（普通名詞や形容詞など）や概念は、本来的には、各使用者の与える意味や思いを超えてイデア的存在を指示する。イデア論は、言葉が本来的に表示するものを示す理論でもあった。だが、善のイデアは、これからみるように、そうしたイデア自体が存在し認識されることの根拠となるものであり、それゆえ個々の言葉が何かを表示できるという可能性を保証するものである。

善のイデアによってその意味を保証される言葉を用いて、その保証を与えるものを記述することは、数学の公理から導かれる定理を使ってその公理を説明しようとすることに似ている。そうすることは不可能ではないとしても、多くの工夫が要求されるだろう。三つの比喩は、そうした苦心の語りではないだろうか。

太陽の比喩

最初に語られる「太陽の比喩」は、善のイデアを次のように説明する。

経験的な世界のなかでさまざまな事物や事象が見られること、そして視覚がそれらを見ることを可能とする原因は、光を注ぐ太陽であるが、これと同様に、イデアが知の対象となること、そして知性がそれを認識することを可能とする原因は、善のイデアである。さらに、太陽は、見られる事物が成長し存在することの原因でもあるが、これに対応して、善のイデアも諸々のイデアが存在することの原因でもある。

比喩の要点は、善のイデアがそれぞれのイデアの存在およびその認識の根拠となる、ということである。善のイデアのこの特権的性格は、次のように力強く表明されている。——善はイデアという実在とそのまま同じではなく、「位においても力においても、その実在のさらにかなたに超越してある」（509b）と。

プラトンはこのような善のイデアを措定することで、われわれの思考を、イデア論よりもさらに彼方へと導こうとしているとも言える。じっさい、その後の解釈の歴史では、新プラトン主義者がそうであるように、善のイデアの「超越性」が強調されてきた。ときにはそれを神と結びつける考え方さえ存在するが、それも無理な解釈というわけではない。『国家』よりのちに執筆された『ティマイオス』では、イデアを範型として万有を制作する造り主（デーミウールゴス）が「原因のうちで最善」（29a）であり、宇宙をできるだけ美しくよきものとなるよう制作したと語られている。ここに、善のイデアの宇宙論的な継承を読みとることもできるだろう。

しかし、この「超越」は隔絶ではなく、われわれの日常経験へとかかわっている。善のイデアは、さまざまなイデアの原因であることを通じて、われわれのありふれた経験の成立根拠でもある。たとえば、眼前の花が美しいことの原因根拠を、日常の説明はその花の形や色などに求めるのに対して、イデア論はそれが美のイデアの像であるからだという説明を与える。善のイデアはその美のイデアの原因であることによって、いわば間接的に、「美しい」という日常経験の根拠でもある。

世界に対する新たな思考

善のイデアは、日常経験に対して、イデアによる説明からひとつ説明の階層を登っている。善のイデアが説明する、あるいは問題としているのは、それぞれのイデアのように経験的世界の個別的事象の原因や理由ではない。むしろ、われわれにとってそれぞれの事象が存在し、そしてそれを説明したり理解したりすることが可能であるということそれ自体である。世界は現に経験するようなあり方をしており、まったくの混沌や暗黒のなかにあるのでもなく、記述や説明が可能である。これはいったいなぜなのか——。

このような問いのかたち、このような思考の次元は、それまでの哲学者たちには存在しなかった。哲学者と呼ばれる人びとが試みたのは、経験されるさまざまな事象がなぜ成立するのかを尋ね、ある統一的な原理を見出すことだった。彼らの与えた答えは、原理としての水であったり、火水風土という四元であったり、原子の振る舞いであったりした。プラトンのイデア論は、その答えが経験される事象の内部に求めえないことを明らかにしている点で画期的ではあったが、やはりそのような問いに対する一つの応答ではある。多くの応答と競合する理論であると言ってもよい。

しかし善のイデアという構想を通じて、プラトンはあらたな思考の領域を開拓している。説明や理解が可能であるということ自体の根拠を求めるような問いは、プラトン以前の哲学者たちが問わなかっただけでなく、おそらく現代の自然科学を含めた経験的科学も真正面から問うことはないであろう。その意味で「哲学的問い」と呼ぶことができる。

このような意味での根拠を問い求めることは、人によってはナンセンスだと言うかもしれない。また現代においては、哲学固有の問題など存在せず、問いが解答可能であるなら、その解答は最終的には自然科学や経験科学が与えると考える哲学者は少なからず存在する。しかし先のような問いに対して、それが疑似問題であるとか応答不可能な問題であると示すことを含めて、それを考え、筋道だった応答をするのも、哲学の仕事である。

プラトンの応答

このような新たな問いに対するプラトンの応答が、善のイデアであった。感覚知覚によって経験される事象が特定の何か（たとえば「美しい」）として成立し、またそう判別されることは、そのイデア（たとえば美のイデア）に依拠するが、そうしたイデアの存在と認識は善のイデアを根拠とする。簡単に言えば、世界のさまざまな事象が判別され、また存在することの根拠が、最終的には、善さないし有益性に根ざしているということだ。

とすれば、われわれは善のイデアを、上方を仰ぎ見るだけでなく、視線を下方に向けても理解することができる。地上に近いところで、たとえば比較的よく知られているカエルの経験する世界を考えてみよう。カエルの視神経は、小さな物体が動きはじめたり動いていたりすると強く信号を発するので、蚊やその他の小昆虫についての情報をより強く選択的に伝える。カエルの棲《す》む環境は、すでにカエルの生存にとって重要かつ有益な情報を提供する世界である。

人間の経験もその点でカエルと同等である。カエルは人間ほどの視覚能力をもっていないため、視覚的情報はより少ないかもしれないが、人間だけが特権的に世界の真のあり様を全面的に認識し、カエルはそこから役に立つ情報を選択的に得ているというわけではない。人間よりコウモリのほうがはるかに優れた聴覚をそなえ、豊かな聴覚的世界をもっているし、犬のほうが人間よりはるかに優れた嗅覚をもち、豊かな嗅覚的世界に暮らしている。人間も選択的に情報を取り入れて何かを認識しているのである。それぞれが経験するのは、経験する主体の生存や生き方にとっての重要性や有益性と関係した世界のあり方である。

世界の善性

善のイデアという構想は、世界のそれぞれの事象がそのようなあり方をしていることと、そしてそれが判別され理解されることは、究極的な意味においては善きこと、有益であることを告げている。

ただし、それは「究極的な意味において」あるいはこの場合は同じことだが「最も希薄な意味において」そうなのである。善のイデアの存在は、たとえばこの世界に悪が存在することを否定しない。それもまた、人間にとってある意味をもつ現象だからである。

だから、この構想は、現在の世界のあり方が最善であるという主張とは異なる。善のイデアを認めたからといって、たとえばコロナウイルスも人類を試すために神が与えた試練であるというような理由（これはしばしば「弁神論」と呼ばれる議論である）で有益なのだ、などと言い張る必要はない。あるいは、多くの無辜《むこ》の人びとを殺害する戦争を、独裁国家を打倒したという結果に訴えて正当化するような論理ではないのである。

善のイデアと相容れない考え方というのは、せいぜいのところ、世界の全体がわれわれにとって有害な敵対者であるとか、それぞれの事象はすべて悪魔による悪意の産物でしかない、というような考え方であろう。

むしろプラトンにとって善のイデアの構想は、批判と変革の試みと手を携えている。善のイデアがそれに接近しようとする者に求めるのは、現状の肯定ではなく、現実の生き方や実践に対する批判と反省、そして変革である。そのことを次に紹介する「洞窟の比喩」は示している。

洞窟の囚人としてのわれわれ

善のイデアは、もともと「哲学者が学ぶべき最大のもの」として提示されていた。善のイデアを学び知るためのプロセスについては、まず「洞窟の比喩」が多くの鮮明なイメージを与えている。ソクラテスは「教育と無教育ということに関連した、われわれの人間の本性」の描写であると告げてこの比喩を語り始める。この「教育」と訳される「パイデイア」という言葉は、躾から教養や文化を含めた人間形成の営みを表わしうる言葉である。

この比喩によれば、人びとは地下の洞窟のなかに囚われ、洞窟の壁だけを見るように頭も拘束されている。その人びとの背後には火が燃えていて、さらにこの火と囚人たちの間には衝立《ついたて》があり、その衝立の上を、見世物の操り人形のように、さまざまな事物が運ばれていく。囚人たちが目にできるのは洞窟の壁に映ったこうした事物の影だけである。そのため彼らは、それを実物と思いこんで暮らしている。

この描写は、イデア論が示すわれわれの日常の知的状態と一致する。感覚知覚から得られる世界のありさまがそのまま物事の真の姿であると信じ、その原物であり基準であるイデアの存在に思い至ることがない。

ただし「洞窟の比喩」の描き方は、より深刻である。洞窟の囚人たちは洞窟の壁に映る影だけを見るように拘束されており、そのままでは洞窟の外の世界を見る可能性が与えられていないからだ。つまり外の世界の実物に譬えられるイデア、そして太陽に譬えられている善のイデアへと至る道程は、囚人たちには見えていないのである。

そのため囚人たちにとっては「知者」とされる人も、じつはその壁面に映し出される影の現われ方をあれこれ推測できる者にすぎない。そのような人を知者と評価することで、本来の知への道は、かえって閉ざされてしまうだろう。われわれ囚人たちは外部のない思考や生活を営んでいるのである。

教育とは何か

そうした囚人たちを束縛から解放すること、これが教育（パイデイア）の目指すべきことである。ただし、ソクラテスはそれが無理矢理に洞窟の外へと連れ出すようなものであってはならないことを指摘する。最初は洞窟の外に出ても水面に映る実物の像などを——それが像であることに気づかせながら——見ることからはじめて、徐々に実物を見るのに慣れさせるようなプロセスをたどるべきなのだ。教育とは、そのようなプロセスを通じて魂の全体を向け換えることである。

目を暗闇から光明へ転向させるには、身体の全体と一緒に転向させなければ不可能であったように、「各人が魂の内にすでに持っている力と器官を」魂全体と一緒に生成流転する世界から一転させて、実在および実在の内でも最も光り輝くもの（＝善）を観ることに堪えうるようになるまで、導いて行かなければならない。（518c）

穏やかな仕方で、魂全体の向かう方向を適正に定め、世界のあり方のより適正な理解へと導くこと。これがプラトンの考える教育の基本となる。そのような教育が、われわれの「魂の眼」をイデアや善のイデアに向け直し、それを認識する可能性へと開かれていくのである。

プラトンにとって教育とは、新しい知識を提供して知の在庫を増やすことではない。それはわれわれの言語と行動、そして生き方を見つめ直し、その全体的方向を変換すること、変革することである。

二つの思考の途

以上がソクラテスの言う「わき道」「より長い道」である。それはそれまでの議論からの逸脱であるとともに、別の思考の次元へと踏み入った道程であり、『国家』において中心の第五巻から第七巻までを占める。
しかし、プラトンの思考は帰還する。第八巻と第九巻では、ソクラテスは「わき道」から戻って、再びポリスと魂の三区分説にもとづく考察を展開する。そこでは王制から民主制、そして僭主《せんしゅ》独裁制に至るまでのポリスの諸形態と、それに呼応する人間のタイプを、ポリスと魂の三区分にもとづいて分析し批判している。「より長い道」をたどってきても、それまでのいわば「より短い道」での三区分説にもとづく魂論や正義論の成果は、そのまま継承されている。

つまり一方では、プラトンは身体性をも含んだ人間とポリスの実相を、三つの部分から構成される複合的な存在として描き出し、そのような魂を養育するポリスの具体的な習慣、教育、文化のあるべき姿を追究した。他方では、そこからいったん離れて、イデア論と善のイデアの構想によって、世界全体とそこに生きる人間の魂のあり方をより根本的に見直すヴィジョンを提示している。

このようにプラトンは、二つの思考の途を描き、二つの思考の次元を認めており、いずれも一方が他方に還元されたり吸収されたりする関係にはない。プラトンは二つの途が必要であると考えたのだ。このような二層的な思考の存在は、『国家』を読むうえで決定的に重要であり、プラトンの哲学全体を理解するためにもよく考えなければならない。その意義をここで全面的に語ることはできないが、その意味の一端は、その二つの思考の交錯する点に確かめることができるだろう。

哲学者の帰還

二つの思考の交差点の一つは、ポリスの統治の問題にかかわる。「より長い道」のなかで描かれる哲学者は、実生活では私有財産や家族をもつことを禁止されるが、自身の関心も、洞窟から出て、イデアと善のイデアを学ぶことにある。哲学者はそのようにして「全時間と全存在を観想する精神」をもつ。

このように、哲学者は実生活上も思考上も私的な利益と最もかかわりが薄く、ポリスの利害さえも超えて永遠的な視点をもつ存在であるが、最終的に、洞窟へと帰還することと、そしてポリスの運営と統治に携わることを強制されるのである。「より短い道」において三つの階層の関係のなかで詳細に論じられるポリスの統治は、最終的には、「より長い道」に示されるその外部からの思考を必要としていたのである。

詩人の追放

さらに、ポリスにおける教育の問題がある。『国家』において教育の問題は、対話篇の全体を覆っており、三区分説が論じられる「より短い道」でも、とりわけ詩や音楽の教育が詳しく論じられてきた。他方で、同じく詩をめぐって最終巻で提示される有名な「詩人追放論」は、イデア論という「より長い道」での考察を前提としていることが注目されるだろう。

ソクラテスはイデア論を前提として、画家による絵画制作も詩人による詩の創作も、感覚される実物の模倣・再現であり、イデア的な真の実在から「遠ざかること三番目」の作品を産みだすことだという（597e）。たとえば絵画上に描かれた寝椅子は、寝椅子のイデアからみたとき、その像である大工のつくった寝椅子をさらに真似たものであり、その意味で二重の模倣物である。そして詩もまた、そのような真実在から遠ざかること三番目の、真実から離れたある像を産みだす活動である。これを踏まえて、ソクラテスは、それまで構築してきた「正しい」ポリスから、ホメロスをはじめとする大多数の詩人を追放することを提案する。

これは一種の検閲行為であり、現代なら「芸術の自由」を侵すものとして非難されそうである。しかしプラトンが対峙しようとしたのは、いわゆる「芸術」ではない。近代以後、音楽や美術をはじめとした「芸術」（アートあるいはファイン・アート）は、政治や経済活動と区別されて、個人の私的な領域へと囲われ、そのおかげで芸術は「浮き世の憂さを忘れる」ための避難所ともなりえた。

　これに対してプラトンが論じている詩や音楽は、当時のアテナイ人にとって社会的に共有される活動だった。それは読み書きの教育や体育とともに初等教育の根幹を形成していた。『プロタゴラス』のなかで描かれているように、子供たちには、読み書きの能力を身につけたあとに、詩人たちの作品があてがわれ、それらを記憶するよう指導される。この教育を通じて、子供たちは、そこに含まれる訓戒を学び、そこで賞賛される人物への憧れ、批判される人物への嫌悪の情を養った。さらに音楽教師である竪琴の教師も、詩人たちの作品を曲に乗せて教え、「リズムと調べが子供たちの魂に同化するように仕向ける」。その目的は道徳的であり、「言行ともすぐれた者となるため」である。

人生の諸事の運営と教育

　しかも詩人たちの作品は、暗誦と歌唱そしてダンスによって記憶された。そこに示された規範や教訓は、頭で理解するよりも先に、身体に刻まれ血肉化されたのである。詩人たちの作品は、こうして人びとの生き方にかかわっていたのだ。

　だからプラトンは、ホメロスの信奉者たちの考えを「この詩人こそはギリシアを教育してきたのであって、人生の諸事の運営や教育のためには、彼を取り上げて学び、この詩人に従って自分の全生活をととのえて生きなければならない」（606e）と描き出している。

――「人生の諸事の運営や教育」「自分の全生活」。詩や音楽を論じるときの、そして魂やポリスを論じるときのプラトンの視点もここにある。プラトンが主張するのは、美術展に出品された特定の作品をろくに見もしないで検閲して排除せよということではない。彼が論じているのは、いまであれば、テレビなどのマスメディア、インターネットやSNS、そして節分やクリスマスといった行事を含む営みの総体であり、最も広い意味で「文化」と呼びうるものである。人びとを熱狂させるワールドカップやオリンピックを頂点とするスポーツもそこに含まれる重要な要素だろう。

プラトンが相手にしているのは、倫理や政治という以上に、人間の生のあり方に浸透しそれを規定している広い意味での文化全体であり、人間の営みの総体だったのである。そしてその総体を批判的に考察するためには、イデア論という視点を必要としたのだ。

魂をめぐる二つの思考の次元

「より短い道」と「より長い道」という二つの思考の次元はまた、魂の理解についてもみることができる。ソクラテスは『国家』での考察をほぼ終えた後に、おおよそ次のように語る。

三区分説などを通じてわれわれが語ったのは、その現状において魂がどのような性格のものと見えるかということであり、その限りでたしかに真理を語った。しかし魂の真の性格を知るためには、魂が「身体との結びつきやその他の禍いのためにすっかり痛めつけられてしまった姿を見てはならず、そうしたものから浄められたときにどのような本性を示すかを、思惟の力によって凝視しなければならない。そうすればそれがもっとはるかに美しいものであること、そして『正義と不正』その他われわれが論じたもののすべてをもっと明確に定めることができる」のだ、と(611c)。

苦労して論じてきた魂の三区分説やそれにもとづく正義の理解の妥当性にある留保をつける発言である。そこで論じられたのは魂自身の純然たる姿ではないのだ。それを発見するためには「われわれはもっと別のところに眼をむけなければならない」。――それは「どのようなところに」と問われたソクラテスは次のように応答している。

哲学という、魂に備わる知への希求に。――魂が神的で不死で永遠なる存在と同族である自らの本性に促されて、何を把握し、どのような交わりに憧れるかを、われわれは注視しなければならない。〔中略〕このように魂が本来の姿に立ち返ったときこそ、はじめて人は魂の真の本性を知ることができるだろう。多種類のものが集まってできているものか単一なものか、それともどのような性格とあり方をもつものなのかを知るだろう。だが、さしあたっていまは、われわれは魂が人間の生活において受け取るさまざまの様態と形状を——ぼくのつもりではかなり適切に——述べたわけなのだ。

(611e-612a)

プラトンは、このように、魂にもいわば二つの姿、二つの次元を認めている。現実の人間の生において身体とともにあるあり方と知を求め哲学に集中するあり方である。

前者の「人間の生活における」魂の現状とそのあるべき姿に対しては、三区分説による説明が妥当する。現実の生において実現すべき正義も、そのような魂における正義である。しかしプラトンは、神的で永遠なるものとの関係においても魂を診断する。その視点から見るならば、三区分説のような現実の生を営む魂の姿とは異なる魂の姿が現われる。それは「神的で不死で永遠なる存在と同族であることをその本性とするもの」である。プラトンにとって、人間の生の全体とは、現実の身体的・社会的な生の全体に及ぶ水平的次元だけでなく、この神的で永遠なる存在と同族的であるような垂直的次元を含んでいた。

この世の人間の生においては、魂は身体とともに、そして他者や共同体とともにある。したがって、その現実を受けとめた三区分説的な見方が、人間と共同体のあり方に的確な診断を与え、またその変革のための基本的な行程を示すだろう。他方で「より長い道」の考察が示すのは、プラトンが、人間の生を、神的で永遠なものとの関係という、より俯瞰《ふかん》的な視点からも分析し、批判し、変革しようとしているということだ。

それはちょうど『ソクラテスの弁明』でのソクラテスが、自分自身の無知の自覚の意味を神との比較を通じてあらためて見つめ直したのと同様の視点である。そしてこの視点から見るとき、人間の生が、そしてそれを導くべき知が、洞窟の内部にとどまりえず、その外部をもつことが見えてくる。それがイデアと善のイデアの存在だった。

イデア論と善のイデアの構想と同様に、神的なものにかかわる魂の概念も、人間により大きな肯定的可能性を与えるものとして受け取ってよいだろう。プラトンは、魂の本来の姿、その自然本性は、神的で永遠なものに憧れるだけでなく、それと「同族」であるとソクラテスに語らせている。人間には、洞窟に外部があることに気づきそちらへと向きを変える可能性がそなわる。教育もその可能性を実現する力をもちうるのである。

プラトンにとって人間の生と共同体の全体的変革とは、最終的には、このような人間の位置づけと可能性を理解することによって可能となるだろう。

第八章　プラトン、その後に

ここまでみてきたように、プラトンの哲学は、人間の営み全体に対する批判と変革の哲学だった。プラトンはその哲学を、学園アカデメイアで教育研究をおこない、また対話篇を執筆し公刊することを通じて実践した。その結果、アカデメイアは、さまざまな思想的変遷を経ながらも、西欧の哲学研究の中心の一つであり続けた。この学園は紀元後の五二九年に東ローマ帝国皇帝ユスティニアヌスによって閉鎖されたが、プラトンの著作はそのほとんどが継承され、今日に至るまで読み継がれている。

そしてその歴史にもまた、多くの学びうること、考えるべきことが含まれている。

読まれることの意味と限界

プラトンは、書物という媒体を通じて自らの考えるところを広く伝えることに心血を注いだ。だからこそ、書かれた文字を通じての伝達にまつわる困難をよく自覚していた。書かれた言葉が「誤って扱われたり、不当に罵られたりしたときには、いつでも父親である書いた本人の助けを必要とする。自分の力だけでは身を守ることも自分を助けることもできない」(『パイドロス』275e) というのは、プラトンの実感であり、また覚悟であろう。

これに対して、プラトンが書かれた言葉と対比しているのは、「人が対話問答の術によ、、、、、、り、ふさわしい相手の魂のなかに知識とともに植えつける言葉」(276e) であり「魂をもつ生きた言葉」(276a)である。

対話のなかで、言葉は具体的にやりとりされる。他者のある発言に対して、賛同、疑問、批判などの言葉が発せられ、また他者からの応答を受ける。書かれた言葉は、そうしたやりとりからいったん分断されているため、それが無批判に受け入れられたり、あるいは抽象的な批判を受けるという結果に陥りがちである。

プラトンが警戒したのは、書かれた言葉に対して典型的に見られるこのような態度だった。こうした危険に陥らないために彼が勧める処方箋は、それを「備忘録」として扱うことである。ある問題を自らが吟味し、理解するための手がかりとして書かれた言葉を受けとめることだ。

だがそうだとすれば、プラトンの警戒は、原理的には話された言葉にも当てはまるのではないか? そのとおりであり、プラトンの基本的な論点もむしろそこにある。音声言語(パロール)による文字言語(エクリチュール)の抑圧の主張として引き合いにだされる『パイドロス』の箇所は、「言葉を語ったり書いたりすることは、どのような場合に立派なことであり、あるいは恥ずべきことであるのか」(277d)とまとめられるような文脈のなかにある。書き言葉は、不適切な扱いへと導かれる可能性がより高いかもしれないが、問題は話された言葉にも妥当する。かりにこうした記述が無視されてプラトンが非難されているとすれば、彼がとりわけ書き言葉に対して発した注意は、正当だったということだろう。プラトンはこのような書き言葉の危険性を十分に承知したうえで、あえて著作をおこなった。それは直接には「自分自身のために、また同じ足跡を追って探究の道を進むすべての人のための覚書」（276d）を遺すためである。そしてそれは、読む人が自ら考え、そして自己と社会のあり方を（必要ならば）変えるための覚書でもあるだろう。

こんにちまで、多くの人びとがプラトンの著作を読み、考えてきた。そのかぎりで、彼のプロジェクトは成功したといってよい。同時にまた、読者たちがそれを固定的に扱い、それを賞賛したり非難したりしてきたことも、彼が予見していたとおりである。以下でたどるプラトンの受容のなかで、そうした多くの実例を確かめることができる。

懐疑主義者プラトン

アカデメイアには多くの優れた知性が集い、そこでプラトンの著作は読み継がれ、さまざまに議論されていった。しかしプラトンの哲学の基本的な見解がそのまま受容されることはなかった。

彼の後継者たちをはじめとして、学園を構成し運営した主要なメンバーはみなそれぞれにプラトン自身に対して異を唱え、そして相互の間でも異なる見解を主張している。並の教師なら、「どいつもこいつも」と口にしたくなるような状況であるが、おそらくプラトンはこれを歓迎していた。前四世紀にクセノクラテスが三代目の学頭をつとめたころまでは、プラトン自身の見解を軸として、それぞれのメンバーが活発な批判や論争を展開したことがたしかめられる。

しかしそのころには、同じアテナイに、アリストテレスの後を継ぐペリパトス派、大きな影響力をもつに至るストア派やエピクロス派のそれぞれの学園が設立され、相互の競合関係のなかで、アカデメイアも徐々に一つの学派としての性格を強めていく。

前三世紀半ば、六代目の学頭にアルケシラオスが就くころになると、アカデメイアは懐疑主義に席巻される。一言で懐疑主義といっても、疑いの範囲や論拠は多様だが、古代の懐疑主義の基本的な考え方は、われわれが（外的）世界のあり方について下す判断のうちでどれが真であり確実であるかを知ることはできない、というものだった。

プラトンの著作も、この懐疑主義的な見方を表明するものとして読まれる。事実アルケシラオスは、ソクラテスがおこなった対話とは、自分自身の考えを主張するものではなく、あくまでも相手がたしかだと思っている信念を反駁するための、対人論法的で否定的な活動であると理解した。たしかにプラトンの描くソクラテスの対話は、一面ではそのような「批判」としての性格、つまり吟味や論駁としての性格をもっていた。アカデメイアの懐疑主義者たちは、それを全面的に強調してプラトンを読んだのである。

教説の提唱者プラトン

これに対して、第一六代学頭であるアスカロン出身のアンティオコスは、学園の方向を大きく転換する。彼は、懐疑主義とは逆に、プラトンの名のもとに特定の教説をはっきりと主張するようになる。

この方向転換によって、プラトンの著作は特定の見解や思想を提唱するものとして読み直され、プラトンの哲学はいくつかの基本的な原理から構成される体系的な教説であると理解される。いわゆる「プラトン主義」が形成されたのだ。

アンティオコスを端緒とするこの前一世紀から後二世紀までのプラトン主義は、次に見るプロティノス以後のプラトン主義が「新プラトン主義」と呼ばれるのに対して、「中期プラトン主義」と呼ばれることが多い。中期プラトン主義の世界観を極端に要約すれば、

(1) 神が世界の存在の究極的原理であり、それはプラトンの『国家』の〈善のイデア〉と同一である。

(2) イデアは、神の思考内容（ノエーマ）である。

(3) 以上の非物体的原理と対置されるもう一つの原理は素材（ヒューレー）であり、これ

はすべての性質規定を受け入れる受動的存在である。

といったものだった。世界のそれぞれの事物は、神の思考内容としてのイデアを素材が受け入れることで成立する。

紀元後三世紀に活躍した哲学者プロティノスは、こうした考え方を継承しながらも、さらに大規模な世界観を構築した。彼は知性と実在をも超える窮極の原理を措定し、それを〈一〉あるいは〈善〉と呼ぶ。注がれる酒が頂上から下のグラスに溢れ出ていくシャンパンタワーのように、この〈一〉から知性が、知性からは魂が、魂からは物体的世界が溢れ出て（発出して）、階層的な関係を構成する。そして人間は、身体とともにあり物体的世界のうちに生きているが、最終的にはそうした足枷《あしかせ》から脱して最高原理である〈一〉と合一することを目指す……。

極端に要約した紹介なので、これだけでは内容もおもしろさも伝わらないだろう。せいぜいのところ、壮大で包括的で、ある種の宗教性さえも帯びた思想であることを感じとってもらえるだろうか。新プラトン主義は、たしかにそのような性格をもっており、それがある人びとを惹きつけてきた。

プロティノスがその基礎をつくった新プラトン主義は、紀元後の三世紀から六世紀にかけて、西欧（実質的には地中海周辺）において支配的な哲学になる。西欧思想史のなかで

「プラトン主義」と呼ばれるのは、プラトンを出発点とする考え方であるが、実質的にはこの「新プラトン主義」に大きく影響された思想である。

批判性の喪失

中期プラトン主義や新プラトン主義のような思想体系の構築も、もともとはプラトンの著作を手がかりにして、それぞれの論者が自ら考え展開した試みである。そのかぎりでは、こうした読解も、プラトンが意図に沿って読まれた結果だと言うこともできる。

しかし、この本で論じてきたことに照らし合わせるなら、プラトンが考えたり示そうとしたことから失われていると言わざるをえない要素がたしかに存在する。それは、政治や文化を含む人間の営み全体に対する分析的で批判的な思考であり、それを変革するための道筋を考えようとする知的努力である。

端的に言えば、新プラトン主義者の思考のベクトルはいくつかの意味で内側に向いていた。彼らによれば、われわれが感覚知覚を通じて経験する外なる世界は、魂や知性から区別されるとともに、魂および知性に依存しており、階層的にも価値的にも下位の存在である。人間はそのような世界に片足をつっこんでいるが、本来のあり方は、そうした外的世界とかかわることではなく、身体的束縛から魂を解放純化し、知性、そしてそれを超える

〈一〉へと向かうべきである。これは「内への超越」とも呼ばれる考え方だ。

もちろん、プラトンの哲学にも、自己の内面へと向かう思考が存在している。すでに見たように、その出発点はソクラテスによる自分自身にかかわる知への反省だった。しかしその自己知とは、まず、対話を通じて、他者と世界のなかで自分自身の位置やあり方を認識することであった。そしてプラトンが『国家』において展開したヴィジョンも、自己と他者、そして共同体の変革を目指すものであった。

これに対して、新プラトン主義者たちは、魂は外的な物体的世界と截然《せつぜん》と区別されるだけでなく、そもそも外的世界の因果的作用を受けることがないと考える。彼らにとっては、自分の身体までもが「自己」の外部の領域に位置づけられるのである。

このような思考においては、人間が身体とともにあり、共同体のなかで生を営んでいるという事実に対する関心は希薄となる。彼らにとっての外的な世界とは、物体的なプロセスが進行する因果的世界として表象される。そこでは、文化や政治、共同体のあり方といったことは直接問題とならない。プロティノスが政治を論ずることはほとんどなかった。

とはいえ、新プラトン主義者たちは社会的現実から隔絶して隠遁《いんとん》生活を送ったわけではない。彼らは社会的変革とは別のかたちで、自らの哲学の営みを社会のなかに位置づけている。新プラトン主義は、アテナイのアカデメイアだけでなく、ローマや当時の文化的中心の一つであったエジプトのアレクサンドリアなど、多くの場で教育と研究がおこなわれ、思想界で支配的な地位を得た。彼らはその考え方を広く効果的に教えるために、体系的な教育プログラムを作成し実践した。それは現代の「学習指導要領」よりも具体的と言えるもので、「プラトンに学ぶ」ことを大目的として、読むべき著作を挙げてその順序を定め、また読解に先立ってあらかじめ説明されるべき項目も事細かに指定している。

現代日本の大学教育では、授業が考えることのプロセスであるべき哲学でさえ、学年の始まる前に、毎回の授業で何を教えるのかを示すシラバスを掲げることを強制される。そうしたシラバスを書くとき、私は新プラトン主義者のことを思い浮かべる。

ともかく、組織的で制度的な教育を通じて、その教説は人びとに浸透していった。ユスティニアヌスが新プラトン主義をキリスト教に対する敵対勢力と判断してアカデメイアを閉鎖したことは、その浸透ぶりを物語っている。

新プラトン主義は、プラトン哲学の内面化とともに制度化を遂行したのである。

「ポリティカルな」プラトンの復活

新プラトン主義者によって以上のように継承されたことは、プラトンの哲学がその後の西欧思想の主要な伝統の一つとなることに大きく寄与した。ルネサンス期にプラトンに対して再び注目が集まるが、それはプラトン自身に対する以上に、新プラトン主義的な思想への関心であった。プラトンが受容される過程において、新プラトン主義はかなり強力なフィルターとなっている。

もっとも、われわれは、この新プラトン主義的なフィルターを通らないとプラトンに接近できないというわけではない。プラトンの著作のほぼすべてが失われず伝承されることによって、人びとはプラトン自身の著作から直に多くを学ぶことができるからである。

一九世紀から二〇世紀は、新プラトン主義経由の読み方とは大きく異なるプラトンが読みとられるようになる。一方では、文献学の発達や哲学史研究の進展によって、よりテキストに即した学術的解釈が試みられ、またカントに先立つ、体系的な哲学理論の提唱者というプラトン像も提示される。

しかし他方で、それらとは大きく異なる解釈も勃興する。その顕著な例は、ドイツの詩人シュテファン・ゲオルゲとその周囲の人びと（ゲオルゲ・クライス）によるプラトンの受容である。彼らは、新プラトン主義的な解釈だけでなく当時のアカデミックなプラトン研究に対抗し、プラトン哲学における、エロース、身体性、政治的関与などの要素を強調する。彼らにとって、プラトンは哲学者であると同時に詩人であり、教育者であり、政治家であり、同性愛者である点で特別な存在なのだ。

ゲオルゲ派の人びとは、近代において分裂した知的思考と詩的神話的想像力、そして行動との一体性をプラトンの内に見出す。彼らはプラトンを再活性化することによって、プラトンの理解においても、そして現実的にもその分裂から統合することを試みた。こうした点にかぎれば、それ以前の解釈が蔑《ないがし》ろにしがちだった、プラトンの哲学と現実の生とのかかわりを、そしてそのプラトンの著作の力を、より全体的に引き受けていたと言ってもよい。

そしてこの方向で読みとられたプラトン像は、じっさいに人びとを動かし、具体的な力(影響力と権力)を伴うに至った。こうした「実践的な」プラトンの読み方を最後に取りあげたい。本書の「はじめに」で軽く触れた、ナチスに受容されたプラトンと、ネオコン(ネオ・コンサーバティブ、新保守主義者)と関係があるかもしれないプラトンである。

どちらも、本来なら一冊の書を費やして語るべき話題である(私にも論じたいことは多い)。本書はプラトンの入門書であるにもかかわらず、あえてこんな話題に触れるのは、こうした読解も、プラトンを読むうえで考えるべき課題を示唆しているからである。

まず、この二つの読み方を極端に簡略化したかたちで紹介したうえで、乱暴ついでに、この二つの読み方をまとめて総括し、提起される共通の問題を見届ける。

プラトン、ハイデガー、ナチス

ナチスと哲学との関係という話題は、第二次大戦後に反省とともに多く論じられただけでなく、アカデミックな世界ではいまや一大産業にまで成長している。なかでも最大の話題提供者のひとりは（偉大な哲学者と評価されることも多い）マルティン・ハイデガーである。ハイデガーが公刊しなかったノート（「黒ノート」という不吉な印象を与える名前で呼ばれる）が新たに世に出て、そこにナチスとの思想的関係や反ユダヤ人的思想が仄《ほの》めかされていることもあって、彼をめぐって熱い議論が続いている。

ハイデガーにとって、自身の哲学を形成するうえでの最も重要な歴史的な源泉は、アリストテレスである。しかしハイデガーが「政治的」な——と受け取られうる——発言をおこなうとき、そこにはプラトンとのかかわりが色濃くにじみ出ている。

この種の言説として最も有名なのは、彼が一九三三年にフライブルク大学の学長に就任するにあたっての「ドイツの大学の自己主張」という演説である。これは、いま読むと、たしかに親ナチス的ともとれそうな内容を含んでいる。

プラトンの名前は、この演説のなかには出てこないが、プラトンが意識されていることは明らかである。たとえば、ハイデガーが一般的な意味での大学の自治や学問の自由を否定し、学生に対して国家の指導者となる準備として労働、国防、学問の三つの奉仕を求めるとき、『国家』でのポリスの三階層の役割が下敷きになっていることが透けてみえる。

そしてハイデガーはこの演説の最後を、「古代ギリシアの智慧を表わす深遠で思慮深い言葉」として、「すべての偉大なものは嵐のなかに立つ」という引用で締めくくった。典拠はプラトンの『国家』であるが、これはハイデガーの思い切った意訳で、普通に訳せば「すべて大きな企ては危険に満ちている」という意味であり、平明な一文だが、『国家』での議論の文脈のなかで読めば、たしかに印象的な言葉である。哲人統治者の構想を念頭において、その構想が大胆で危険を孕むことを告げているからだ。

こんなふうにハイデガーは、アジテーションと独自のプラトン解釈を混ぜ込みながら彼独特の哲学的語彙で演説をぶった。それを聴講した学生や大学関係者たちには、プラトンの『国家』を携えて国家(国民)社会主義運動に加わることの勧めに聞こえたかもしれない。また、プラトンの描く哲人統治者とこの運動を主導する総統とを重ねて見ることを仄めかしていると受け取られても、不思議ではないだろう。

『国家』とドイツの政治的現実との直結

しかし当時のドイツでは、ゲオルゲ派を中心とした一部のプラトン学者たちは、もっと直接的な主張をしていた。

たとえば『ヒトラーの闘争とプラトンの国家』といった当時の書名が示すように、彼らによると、プラトンが『国家』で描く理想国はナチスが構築しようとする全体主義的国家の原型であり、そのうちの極端な主張によるとヒトラーは現代に蘇ったプラトンである（ナチスによるこうしたプラトンの利用とその背景については、佐々木毅『プラトンの呪縛』に詳しい紹介がある。本書では、少し別の局面に触れる）。

彼らの読み方は、たしかに恣意的だが、新興宗教の教祖が聖書も仏典も自分の教説を支持しているかのように勝手に「読み込む」のとは異なる。プラトンの政治思想、なかでも著作『国家』とドイツの政治的現実とを直接的に結びつける読み方は、極端な論者たちの専売特許ではなかったからだ。むしろ当時ドイツの学界がリードしていたと言いうる正統的な古代哲学研究や古典学の分野でも、そうした見方を共有する学者は少なくなかった。

たとえばヴェルナー・イェーガー。彼は二〇世紀前半の正統的ドイツ古典文献学の主導者であり、アリストテレスの研究では「発展史的解釈」という時代を画した解釈の提唱者として知られる。彼は、学問的系譜から言えば、親ナチス的な古典の強引な解釈に対抗すべき立場にたっていても不思議ではなかった。親ナチス的なプラトン学者たちの思想的ルーツはしばしばゲオルゲを介してニーチェに求められるが、ニーチェはもともと古典学者として学界にデビューしており、その若きニーチェを文献学的観点から酷評したのが、やがて伝統的古典文献学の第一人者となるヴィラモーヴィッツ＝メレンドルフだった。イェーガーは彼のもとで研究をおこない、ベルリン大学においてその後継者となる。そして、やがてナチスの支持者からの攻撃を受け渡米を余儀なくされている。

そんなイェーガーでさえ、プラトンを自国の政治や文化と結びつけて理解していた。彼のある時期の議論には、親ナチス派のプラトン解釈者の主張としてもそのまま通用するような発言が散見される。たとえば「ドイツ人においてもこんにちの国家に対する意志は、［プラトンの］観念のなかにその最も確固たる絆《きずな》を見出す」という言葉は、ナチス派のプラトン学者ではなく、イェーガーの言葉である。

『国家』解釈の土壌

イェーガーの事例は、ナチス的なプラトン解釈がドイツに突然変異的に現われたのではないことを示している。それが生まれる土壌は、ナチスの台頭以前のドイツの政治的文化的状況にあった。

一般に保守主義や反動的思想は、「起源」とか「原型」といった発想を好む傾向があり、先行する歴史のなかに自らの存在や見解を正当化する根拠を探し求める。ドイツでも、すでにナチスの勃興以前から、古典学者の一部を含む保守主義的知識人たちが、自国の政治や文化のアイデンティティーをそうした起源の神話に求めていた。彼らにとって、とりわけその教育や文化の故郷は古代ギリシアだった。

ナチズムも、ある種の革命的運動であり、それまでのドイツ社会からの決別を目指しはしたが、未来ばかりを見ていたわけではない。「革命の目的は、過去の大伽藍を粉々にすることではなく、上手くはまっていない部分を取り除き新しく現われた場所に建築を続けること」と、文字通り建設的に（！）ヒトラーは語っている。「わが闘争」も、「その内において、数千年の間を結びつけ、ギリシア―ゲルマン王国をともに包含するための闘い」だったのだ。そうしたギリシア回帰のなかで、ドイツの国家の最も理想的な原型は、プラトンの『国家』で描き出されたポリスにおいて見出された。

フマニタスという問題圏

プラトンの受容史からみたとき、以上のような意味での「政治的」プラトンへの執着は、抽象的体系的な理論家という非政治的なプラトン像に対する反発と表裏一体の関係にあったと言える。そしてその背景には、プラトン解釈にとどまらず、人文学（人文社会科学）と教育をめぐる論争的問題が存在した。

というのも、ゲオルゲ派に顕著に見られるように、こうした解釈者たちにとって、プラトンはたんに抽象的な思考を展開した思想家ではなかった。プラトンは、いわば「生き生きとした知」の体現者であるとともに、そうした知を通じて、文化や社会のあり方の問題をとりわけ教育の問題として引きうけようとした哲学者だったのである。

イェーガーのプラトン解釈も、やはり人文学や人文主義に対する彼自身の知見と手を携えていた。彼は「第三の人文主義（フマニスムス）」なるものを構想していた。それはルネサンスの啓蒙的人文学とも、ヴィルヘルム・フォン・フンボルトに代表されるいわば合理的で個人主義的な「新人文主義」とも異なり、現実の（ワイマール以後の）ドイツの政治や文化の実践に積極的に関与する人文主義である。

さらにイェーガーは、この人文主義とナチスの国家（国民）社会主義運動とのある種の協調的関係さえ主張していた。少なくとも一時期には、ナチスに対して傍観者ではなく、積極的にかかわろうとしたのだ。ただし、ナチス系の学者にとっては「第三の人文主義」もまだ手ぬるいものであり、かえってその構想は厳しい批判を受ける。

ここに、プラトン受容の一つの鍵となる概念が現われている。ラテン語の「フマニタス」である。ドイツ語ではいま「人文主義」と訳した「フマニスムス」(Humanismus) に対応し、「フマニテート」(Humanität) つまり「人間性」をも含みうる言葉であるとともに、ギリシア語の「パイデイア」を引き受ける言葉である（「洞窟の比喩」一九〇頁参照）。イエーガーは、まさにそのタイトルの大著『パイデイア』を著すが、そこではこの「フマニタス」の「厳格な意味」を「人間本来の形、本来の人間存在へと教育すること」と特徴づけている。つまりそれは真の人間性の形成・陶冶を表わす概念だった。

このように教育的な含意を強くもつ「フマニタス」の中心をなすと当時考えられていたのは、古代ギリシア・ローマの古典の教育であった。ナチス派の人びとも、第三の人文主義の主唱者も、その「フマニタス」にある種の実践的な意味を与えようと試みたといえるが、そのなかでプラトンの『国家』は、とくに重要な位置を与えられたのである。

人間性と人種

「フマニタス」をめぐって、ナチズムにとってその中核となる理解を提供したのは、プラトン研究者や人文学者よりも、ハンス・F・K・ギュンターだった。

ハンス・ギュンター——「人種のギュンター」(Rassengünther)とか「人種学の教皇」(Rassenpapst)の異名をもつ彼は、人種学の権威とみなされ、ナチスの人種の観念と政策に直接にかかわった(ヒトラーはギュンターの鮮明なプロパガンダの書『ドイツ民族の人種学』(一九二二年)を異なる版で四冊所有していた)。その「人種」の定義はナチスに採用され、その業績は国家(国民)社会主義ドイツ労働者党の誇りと顕彰された。要するに、彼はユダヤ人をはじめとした人びとの虐殺、強制的断種措置などのナチスの政策に似非《えせ》の「科学的根拠」を提供したのである。

そのギュンターには、まさに『フマニタス』（一九三七年）という論考がある。私の手許にあるこの雑誌論文は、たった一〇ページであるが、キケロから『わが闘争』に至るまでのこの概念の歴史をたどっている。ギュンターはそこで、真正の人間性（フマニタス）は、古代ギリシア・ローマ人から同時代のドイツ人たちまで文化的にも血統的にも受け継がれる「北方人種」こそが具現することを論じている。西洋古典の教育と研究という伝統的な意味でのフマニタスも、そのような人種の歴史を明らかにするものとして尊重され正当化されるのである。

そのような「人間性」の理解者として、プラトンも援用される。ギュンターは『生の守護者としてのプラトン――プラトンの養育・教育思想とその現代的意味』（一九二八年）という書を上梓《じょうし》し、そのなかで、政治思想家という以上に人種と優生学の理論家としてプラトンを読んでいる。

とりわけ『国家』は、ギュンターにとって、人種間の相違と優れた人種の選抜を説く書であり、そのための基礎となる人間性についての知見を提供する書である。優れた「人種」とは、たんに「健全な」魂だけではなく「健全な」身体をともにそなえ、両者が一致することを要求する。プラトンは心身の関係を二元論的でなく一体的に理解し、しかもそうした健全性は個人ではなく特定の集団――プラトンの場合はポリスを構成する守護者の階層、ギュンターにとっては北方人種――において認められる。優れた身体は優れた魂の表現であり、その魂はいわば人種の魂でもある。

　ギュンターの読み方は、プラトンの研究書の装いをした当時の親ナチス的な類書よりもさらに空想的である。しかしそのギュンターからイェーガーまでを含めた二〇世紀前半のドイツにおけるプラトンの解釈者たち――ドイツ人には申しわけないが彼らの解釈を「ゲルマン的解釈」と呼ぼう――は、それ以前には主流であった哲学の教説の提唱者としてのプラトンという理解を斥け、身体性も含めた共同体における人間の生のあり方の全体を問い、とりわけ同時代におけるフマニスムスとしての教育を問題としている。

　その意味では――それは同時に皮相的で皮肉的な意味でもあるが――プラトンの『国家』での考察を、先行する諸解釈よりもいわば「我がこと」として引き受けていると言うこともできるだろう。それは彼らなりの「私のプラトン」だったのである。

ネオコンとプラトン

　ナチスが支配的になったためにドイツからの出国を余儀なくされたユダヤ系知識人は多

いが、その一人にレオ・シュトラウス（一八九九—一九七三）がいる。これまでの話題との関連で言えば、当然シュトラウスはナチスに対しては批判的であったが、ファシズムや帝国主義の原理を評価するような言葉をカール・レーヴィット宛の手紙に記している。

また彼は、ゲルマン的解釈の紹介のなかで言及したハイデガーとイェーガーがアリストテレスの同一のテキストをそれぞれに読解するのをともに聴講するという僥倖《ぎょうこう》に恵まれた人物である。シュトラウスは、ハイデガーの読み方はイェーガーのそれなどまったく比べものにならないほどすぐれたものだったと回想している。さらに「ゲオルゲはヴィラモーヴィッツやイェーガーたちよりプラトンを理解している」と、エリック・フェーゲリン宛の書簡に認《したた》めてもいる。シュトラウスの政治的嗜好と読み方の傾向を物語るエピソードである。

シュトラウスは渡米した後、シカゴ大学を拠点に多くの学生に影響を与えた。その弟子たちの証言から察するに、シュトラウスは間違いなく魅力的な教師であった。そののち彼の影響下にある人びとは「シュトラウス派」（Straussian）と呼ばれるようになったが、その一部には、ブッシュ（ジュニアのほう）の政権を政治的にも思想的にも担った「ネオコン」と呼ばれる人びとが含まれる。

たとえばイラクの空爆などの政策の中心となった国防副長官ウォルフォウィッツ、ネオコンを支えた知識人のアーヴィング・クリストルやその息子ウィリアム・クリストルらは、シュトラウスやその弟子、あるいはシュトラウス派の人びとに学んでいる。「ネオコン」とシュトラウスとの関係は、とくにイラク空爆以後に人びとの注目するところとなり、シュトラウスのファースト・ネームをもじって「レオコン」(Leo-con) という呼び名までつくられた。

この本の最初に触れたように、レオ・シュトラウスやシュトラウス派の人びととの思想とネオコンの政治的な立場との間に連絡や影響関係があれば、われわれのプラトンも無関係ではなくなる。シュトラウスの政治哲学の重要な部分は、プラトンの独特の読み方に支えられているからである。

もっとも、シュトラウスとネオコンの関係がどのようなものなのかは、しばらくの間活発な論争的話題だった。思想的影響だけでなく個人的ゴシップの暴露に至るまで、きわめて多くのことが書かれ、シュトラウスを擁護する人びとの一部はネオコンとの関係を希薄化することに努めてきた。そうしたあれこれはそれなりにおもしろいが、ここで立ち入って論ずる余裕はない。

しかし、シュトラウスとその同調者たちが、独特のプラトン像をつくりあげて自分たちの政治哲学の基本に据えていることはたしかである。そしてシュトラウスの政治哲学は、たとえば、ネオコンの「ゴッドファーザー」である論客アーヴィング・クリストルによれば、彼に近現代の政治哲学に潜むニヒリズムに目を開かせ、クリストルの言う「近代以前の政治哲学への長い登攀路《とうはんろ》」を歩ませたのだ。

またシュトラウスの一番弟子であるアラン・ブルームは、『アメリカン・マインドの終焉』の著者として知られる。米国でベストセラーとなり、日本でも多くの読者を獲得したこの本は、その副題「いかにして高等教育は民主主義を挫折させ、こんにちの学生の魂を貧困化したのか」が示すように、リベラルで多様性を尊重する米国の高等教育と文化、なかでも人文学教育に対する嘆きと批判の書である。当然、マーサ・ヌスバウムやノーム・チョムスキーをはじめとしたリベラルな論者たちからの強い批判を浴びることになるが、保守派の人びとには大いに歓迎された。

こうした人びとの影響はけっして無視できるものではない。私にとって印象的だったのは、イギリスの有力哲学誌『フィロソフィー』がイラク戦争開始の翌年に、その巻頭に「いまや全員シュトラウス派か？」という表題の小文を掲げたことである。アイロニカルな響きも感じ取れるその論説によれば、シュトラウスはネオコンの思想的ルーツであるだけでなく、イギリスの保守党の有力メンバーからも旧来のオークショットばりの保守思想にかわる選択肢として評価を受けるに至っている。アカデミックな研究はこれまでシュトラウス派を無視してきたが、彼らの考えが愚かであるとか邪悪であるということは自明ではなく、少なくとも一部の人びとには魅力的に映っている。だから、シュトラウスの著書も政治哲学のシラバスに載せるべきだ、というものである。

このような背景を考えるなら、シュトラウスたちの解釈も、いま、プラトンを読み、考えるとはどのようなことであるのかを問い直すための素材となりうるだろう。

シュトラウスのプラトン読解に対する評価

はじめに、シュトラウスらの「読み方」が特異であることは強調しておいてよい。ある時期までは、一般的なプラトンの研究とシュトラウス派のプラトン解釈とが交わることはなく、その間には、いわば競技レスリングとプロレスのような相違があった。

しかしここ数十年世界のプラトン研究を主導してきたマイルズ・バーニェトは、それまでシュトラウス派以外の研究者たちからは無視されてきたシュトラウスの著書『プラトン的政治哲学研究』をあえて一般書評誌で取りあげた。彼は勇敢にも「シュトラウスのプラトン解釈は最初から最後まで誤っている」ことを示そうとしたのである。

案の定、シュトラウスの信奉者からその書評誌に「嵐のような反論」の投稿が寄せられたが、それに対して、バーニェトより一世代前ではあるがやはり現代のプラトン研究に最も大きな影響を及ぼしたG・ヴラストスが、バーニェトに対してよくぞ言ったと言わんばかりの全面的支持を表明した。

プラトンのもう一つの「政治的」著作『法律』についても、プラトンの同時代人クセノポンについても、シュトラウスは本を執筆しているが、それぞれ優れた研究者たちから「お粗末なガイド」「ほとんど得るところがない」といった酷評が与えられている。現在ではシュトラウスらの読み方に多少とも好意的な「ものわかりのよい」研究者もいるが、読み方をめぐる基本的な問題がなくなったわけではない。

さらに付言すべきは、彼らのイスラム哲学研究の問題性である。ユダヤ教徒でありながらアラビア語で著述したマイモニデスをはじめ、イスラム圏の哲学者たちをシュトラウスは積極的に論じ、またその考察をプラトンの哲学の解釈にも援用している。シュトラウスがイスラム哲学研究に及ぼした影響は、仲間内に留まっているプラトンの解釈の場合よりも大きいかもしれない。

しかしイスラム哲学に対するシュトラウス派のバイアスと誤解はすでに多く指摘されている。この分野の主導的研究者のディミトゥリ・グタスが、二一世紀の研究を実りあるものにするために二〇世紀のイスラム哲学研究の問題点を総括するとき、シュトラウス派の「政治的アプローチ」の誤りと悪影響を詳細に指摘しなければならなかったのも、そうした事情を物語っている。

シュトラウスたちの読み方

いったいシュトラウスたちはプラトンをどのように読んでいるのか。

シュトラウスについて何かを語るとき、私の好まない弁解じみた言葉を付けたくなる。その著述の多くが過去の哲学者たちの著作に仮託して自分の考えを語るというスタイルをとるため、シュトラウスの主張として要約することがむずかしい。そもそも「シュトラウスの基本思想は」などとまとめること自体が信奉者の不興を買うだろうし、どうまとめても、それとは違う意見を述べている典拠を挙げられそうである。

しかしそうしたことは覚悟で、その主張を極端に単純化すれば次のようになる。現代社会の諸問題の根元には、そこに巣くうニヒリズムがあり、それは相対主義や歴史主義、あるいは人間の自然本来のあり方（政治的には彼らの言う「自然権」）の忘却に由来する。

そうした見方から解放されるためには、近代化され歴史化されてしまった「自然」や相対主義的な真理観ではなく、歴史化や相対化がされないそれ以前の自然や真理へと戻る必要がある。それらはプラトンなどの偉大な古典的著作に見出すことができる。われわれは「現代的意義」などといった問題意識は振り払って、虚心坦懐に、というより、たとえばプラトンならにわかプラトニストになってそのテキストを読まなければならない。

そのような視点から、シュトラウスもプラトンを、そして『国家』を読む。その解釈は必ずしも明瞭ではないしむしろ整合性が疑われるところもあるが、とりあえず論考「プラトンの『国家』について」(一九六三年)を手始めに、他にも目配りしつつ見てみよう。

シュトラウスは『国家』を「政治的理想主義の最も広範で最も深い分析」だという。だが、それは彼がこの作品全体にわたって読みとるアイロニカルな意味においてである。彼によれば、この書は政治的理想主義に対するいわば手の込んだ一種の風刺である。そこに示されるのは、最善の政治体制ではなく、そのようなポリスの、そしてその正義の実現の不可能性であり「ポリスの本質的な限界、つまりその自然本性」である。

『国家』のなかでソクラテスは、言葉を通じて建設してポリスを実現することは、困難であるけれど不可能ではないとたびたび発言している。この言葉については、これを額面通りプラトンの真意として受け入れるアリストテレス以来の解釈とともに、描かれるポリスはあくまで理想ないし理念でありプラトンは本気で実現できるとは考えてはいなかったという解釈も、昔からおこなわれてきた。

しかしシュトラウスによれば、プラトンは描かれるポリスを、前者の解釈のように実現可能と考えていないだけでなく、後者の解釈のように理念的なものとさえ想定していない。そう解釈する根拠の一つは、哲人統治者という構想が矛盾をかかえている（とシュトラウスは解する）ことにある。洞窟から出て観想のうちで至福の生を送る哲学者が再び洞窟のなかのポリスの営みに戻る理由はない。かりに帰還を強制すれば——正義の擁護を目的とした著作であるにもかかわらず——哲学者に対して不正をはたらくことになる。

彼によれば、哲学と政治とが合体した哲人統治者という存在が、そもそも不可能なのだ。両者はもともと「互いに相反する方向へ向かおうとする」からである。哲学という営みは、実際のポリスの運営やそこでの生活とは截然と区別され、正義をはじめとした市民的な徳も、せいぜいのところそのような哲学を可能にする条件でしかない。

シュトラウスに従うなら、プラトンがわれわれに告げるのは、哲学とポリス、知的観想と倫理的・市民的な徳との間の区別と対立である。哲学は、ポリスにはたらく倫理や実際の政治の営みから隔絶すべき活動である。

それ以外にも男女の協同や妻子の共有など、『国家』でソクラテスが苦労して主張している事柄やその主張を支える論証などは、プラトンの考えとしては受け取ることはできず、かえってその不可能性を示唆するものと解される。

シュトラウスのイデア論

シュトラウスのプラトン解釈の特徴をもう一つ挙げるなら、それはプラトンのイデア論の扱い方である。シュトラウスがプラトンを論ずるときにイデア論に触れることは少ない。論考「プラトンの『国家』について」では、イデア論を「まったく信じがたい」と一蹴し、その扱いは否定的である。ただしイデア論にかかわるプラトンの考察を無視しているわけではなく、独自の解釈を施している。

しかし『国家』では、哲学者はイデアと善のイデアの認識を目指す存在とされていた。もしイデア論を否定的に受け取るなら、哲学者は何をおこなうのだろうか。シュトラウスによれば、哲学者とは「基礎的で永遠な問題」に対して、解答を与えるのではなくそれを追求し続ける存在である。たとえば正義の場合であれば、「すべての時間にわたって同一である正義」についてそれが「何であるか」を問い続けるのだ。プラトンのイデアは、いわば永遠なる問題へと変換される。そして（絶対的）真理を求めそれを見出したり、ある見解を真理として主張することが哲学者の携わる仕事ではない。「智慧など存在せず、ただ智慧の追求があるだけである」、あるいは「議論や論駁の段階を超えて決定の段階にいたることは決してないであろう」などと彼は言う（『僭主政治について』他）。

これはドグマ的哲学の否定とも言えるので聞こえはいいし、シュトラウスの擁護者たちには、シュトラウスが特定の道徳的原理や超越的な理想などを唱道しようとしているわけではないという言い訳を与える。

けれども、問うだけにとどまり答えを宙づりにすることは、シュトラウスにとってあまり都合のよくない帰結を伴う可能性も孕んでいる。ここでは深く追求しないが、こうした答えの棚上げは懐疑主義に結びつきやすいからだ。問題が永遠に問いのままに留まりそれに対する正答や解答が得られないまま探求せよというのは、一種の懐疑主義的立場である（「懐疑主義者」（sceptics）を表わすギリシア語「スケプティコイ」の原義はむしろ「探求主義者」だった）。

また、この懐疑主義とシュトラウスの嫌悪する相対主義との関係は微妙である。追求される問題について、もし正答が得られないなら、提示されるさまざまな答えの優劣を論じることは困難であろう。すると、自己の主張の絶対的でなく相対的な真理性を主張する論者に対して、彼はどのように応答できるだろう。

二つの分断

いずれにしてもシュトラウスは、永遠的問題にかかわる哲学と政治的社会的実践とをはっきり区別し、むしろ対峙させる。そして哲学者が永遠的問題の、あるいは永遠的真理の果てしなき追求者だとすれば、『国家』での哲学者が洞窟に戻る理由もない（とシュトラウスは解する）ように、日常的で生臭い世界に戻る理由も、そこに介入しそれを変革すべき理由もないだろう。

本書でも、『国家』のなかに、ポリスを構成するそれぞれの人びとの生き方と哲学者の生き方にかかわる二つの思考の次元の存在をたしかめた。しかし本書では、この二つの次元の関係・交差も認めた（一九三頁以下）のに対して、シュトラウスにとっては、その二つが交わることは斥けられるべきことなのだ。

シュトラウスは、このような隔絶を認めることを通じて、さらにプラトンの——そして多くの偉大なる哲学者たちの——書き方、そしてその読みとり方にもある種の分断と格差をもちこむ。彼によれば、プラトンにかぎらず、哲学の営みは一般社会の通念と強い緊張関係にあるために、哲学者は、自分自身の考えをそのままストレートなかたちでは表現しない。そうすることは、哲学者にとってもまた大衆にとっても危険だからである。

そのため哲学者の主張は、その著作のなかにショーウィンドウの商品のように陳列されているのではなく、その奥に秘匿されている。プラトンの場合は、とりわけ対話篇というかたちで、その表現法を工夫したのだ。その真意を探索し発見することは、語られていないことを読みとる特別の素養を身につけた人びと——シュトラウスとその同調者のような人びと――によってはじめて可能となる。

しかしシュトラウスが強調する哲学と政治的社会的実践との乖離《かいり》、哲学者が書いていることと伝えようとしたこととの乖離は、それ自体がある政治的な意味を伴いうるだろう。極言すれば、一部のエリートだけが、秘められ、しかし普遍的に妥当する真理を知りうるからだ。シュトラウスとネオコンの間に思想的な連絡を見出しつつ彼らを批判する人びとの論点の一つも、そうした点にあった。

それは一方では、弟子のブルームが示唆するような、教育の民主化を拒否して、少数の「希《まれ》な才能」をもつ学生に西欧の偉大な書をあてがい、それを批判的でない仕方で読み、同時に書かれていることの背後にある何かを読解するという、思弁的な教育を勧めることになるだろう。

しかし他方で、そうしたエリートがもし実際の政治に携わるなら、彼らには知ることができる「普遍的な真理」を、さまざまな地域と階層に存在する「無知な」人びとのために、適用しようとするのではないか。イラク戦争が、ブッシュ政権の限られた人間のみが「知りえた」イラクによる大量破壊兵器の保持という「事実」にもとづいて、「イラクの自由」という尊大な作戦の名のもとにおこなわれたように。あるいは、ブルームが『アメリカン・マインドの終焉』のなかで、自分の性差別的でミソジニー的思考と特殊な音楽趣味を教育のなかに押しつけようとしているように。

——じっさい、プラトンの引用にまぶしながら、オノ・ヨーコやジェーン・フォンダを腐し、ロック・ミュージックを魔女の火あぶりや人肉食などと同様の現象のように論じるブルームの言葉を、それ以外の仕方でどう受け取ったらいいのか私にはわからない。

何が彼らをしてそう読ませるのか

ゲルマン的解釈とシュトラウス派の解釈という、二つのプラトンおよび『国家』の読み方は、明らかに対照的である。前者が哲学と政治とを直結させようとしたのに対して、後者はその関係をできるかぎり引き離そうとしているからである。

しかしまた、その間に共通点を見出すこともできる。もちろん、両者の解釈の杜撰さを指摘するのはむずかしくない。ナチス派の読み方は、冷静にみれば、自分たちの主張の強引な投影にほかならない。またシュトラウス派の読み方も、書かれていることの行間に自己の好みの考えを読みとっている。

そうなったのは、古典を読むうえで必要な文献学的手続きを怠っているからだということは、ナチス派に対しても、それよりは少ない程度ではあるがシュトラウス派の論者に対しても妥当するだろうが、大文献学者のイェーガーに対しては言いにくいだろう。つまり、彼らの読み方が抱える問題の根は、文献学的規範の無視にとどまらないのである。

ゲルマン的解釈とシュトラウス派の解釈に共通するのは、歴史性の欠如である。いずれの解釈もプラトンと自分たちの時代との時間的で歴史的な隔たりを、理念的に飛び越えて結びつけようとする。ゲルマン的解釈のギリシア幻想は明らかであり、歴史主義を嫌悪するシュトラウス派も、非歴史的な営みとしての政治哲学という想定のもとに、プラトンに歴史を超えた政治的真理を求めている。

しかし、二〇世紀前半のドイツであれ世紀末の合衆国であれ、プラトンと二〇世紀の政治との関係は幾重にも間接的である。この当然の事柄は、改めて強調されねばならない。その間を隔てているものが、いまわれわれがプラトンを読み、考えるうえで考慮すべき重要な要素だからである。

たとえばプラトンが論じたポリスと近代以後の国民国家では、基本的な体制や制度、さらに構成の理念が異なる。ポリスの地域面積と住民の規模が近代の国家と比べて小規模であることに加えて、そもそもその構成の仕組みに決定的な相違がある。

近代国家は、おおまかにいえば、領土と人民、そしてそれらを統治する「主権」を有する機関であるが、古代には、そうした統治や支配にかかわる「主権」といった概念も存在せず、実態上も、ポリスには独立の行政組織や警察権力などの近代国家が備えるべき暴力装置が欠けている。

そうした相違は、二〇世紀初頭のドイツにあっても、より実証的な政治学や社会科学ではさまざまな仕方で論じられていた（たとえばマックス・ウェーバー）。しかしゲルマン的解釈者たち（とりわけ詩人ゲオルゲの系譜を引く者たち）は、そうした実証的学問を敵視していた（イェーガーでさえその例外ではない）。また、シュトラウスにとっても、実証主義は「必然的に歴史主義へと堕する」のであり、それゆえ哲学の可能性を否定する、いわば哲学の敵であった。

そのため、プラトンに依拠したとされる彼らの国家や政治の議論には、その権力の由来と経済的基礎についての考察はきわめて手薄である。プラトンの『国家』ではポリスの財政や富の分配をはじめとした経済学的考察が十分に展開されていないこと（そしてそうしたテーマをかなり詳細に論じている『法律』とも顕著に相違すること）は問題とならない。二〇世紀の社会において論じているにもかかわらず、『国家』の提示するポリスにおいては奴隷制が暗黙のうちに前提とされていることなどは、ほとんど触れられることがないのである。

彼らがプラトンの「正しいポリス」の描写に全体主義的国家の原型という幻影を見たり、あるいは非歴史的で永遠的真理を読みとったりすることができるのは、こうした重大な無視のおかげである。

対話篇の意味

他方で、この二つのタイプの解釈は、『国家』から読みとるプラトンのメッセージについて大きく異なるだけでなく、その読みとり方についても対照的である。一方の、とりわけ親ナチス的解釈はプラトンが対話篇であることを重視せず、政治的なパンフレットであるかのように、そこにプラトンの主張の直接的な表明を読みとる。他方のシュトラウス派の解釈は、そこに語られていないことをむしろ重視して、裏の意味を読みとる。しかしこの二つの読解の仕方は、それぞれ異なったかたちであるにしても、対話篇であることの意義を希薄化している。

プラトンにとって対話篇は、第一章で論じたように、読者が自ら考えることを促すための工夫である。そこでは、特定の主張が一方的に表明されるのではなく、さまざまな意見が開陳され、互いに賛同したり批判したりといったやりとりのもとで進行する。『国家』は、プラトンの著作のなかでも、最も多声的な作品であるといえるだろう。そこでは、正義こそ幸福に結びつくというソクラテスの見解をめぐって、多くの声が不協和音を奏でている。対話の導入部で老人ケパロスが「借りたものを返す」といった伝統的な正義概念を語ることを手始めに、ソフィストの影を宿す弁論家トラシュマコスは「不正こそ強者の利益である」という挑戦状をソクラテスに突きつけ、グラウコンは問題の明確化のために正義をそれ自体として擁護することを要求して「ギュゲスの指輪」という思考実験に答えることを求める……。こうしたやりとりは、読者が異なった意見を参照しつつ、自分自身で考え、判断し、行動することを促す工夫にほかならない。

　また、対話を主導するソクラテスの応答も単純ではなかった。そこには、三区分説にもとづくポリスと魂のあり方を連絡させた考察と、「わき道」「より長い道」としてイデア論や善のイデアへと導く議論という、二つの思考の途が提示されている。そして後者の、一見したところ政治とは無関係にも見える議論のうちにこそ、最終的に統治を担うべき哲学者のあり方が示されているのだ。

　なぜ政治に携わる統治者は、家庭や私有財産をもつことを許されないのか、そして「全時間と全存在を観想する精神」をもつ人でなければならないのか。こうした「より長い道」の示す要請の意味をも含めて自分自身で考えることによってはじめて、プラトンの『国家』での政治哲学を語り直すことができるだろう。

　ゲルマン的解釈は、自らの理想的国家像を読みとるのにあまりに性急であり、『国家』のうちに響く多くの声を聴くこと、そしてプラトンが提示する思考の重層性を見届けることを怠っている。しかしプラトンを読むのに、急いではいけない。自分自身の思考の吟味が求められるからである。

再び「対話篇を読む」とは

他方でシュトラウスは、独特の仕方で対話篇であることを重視している。特筆大書していると言ってもよい。『政治学』を読むときにはわれわれはずっとアリストテレスを聞いているのに、『国家』を読むとき、われわれはプラトンを聞いてはいない。それゆえわれわれはプラトンが何を考えたかを、対話篇から知ることはできない」と彼は語る。

しかしシュトラウスも、対話篇から何かを読みとる。彼が依拠するのはソクラテス的アイロニーである。アイロニーは、「卓越した人間に固有の人間性」であり「自分が卓越していることを明かさないようにすることによって、劣ったものたちの感情を害さない」ことである。その最高形態は「智慧の隠匿、すなわち自分の賢い考えの隠匿である」(「プラトンの『国家』について」)。

シュトラウスはこうした高みに座して、アリストテレスをはじめとした『国家』の読者たちの読み方を断罪する。そうした人びとは、それを対話篇として読むことができていない。イデア論や哲人統治者といった議論を文字通りに受け取り、それを批判してきたのは、プラトンのアイロニーを理解していないからにほかならないからだ、と。

ここでわれわれは、再び、「対話篇を読む」とはどのようなことか、という問いに逢着する。たしかにプラトンは対話篇を書いた。しかしプラトンが書いたのは、秘密のメッセージを伝えるためではなく、多くの読者に読まれ、自分の問題として考えさせるためである。そして対話篇という工夫は、そのために、むしろ相反する立場を含む複数の声を明示的なかたちで読者に提供するのである（第一章）。

その意味において、そこには何も隠されてはいない。プラトンは、他の哲学者以上に自己の思考の成り立ちやプロセスを読者に対してあからさまにしているのだ。そして、多様な声をそこに響かせることを通じて、書かれていることを無条件に受け入れるのではなく、批判的に読むことも求めているのである。この批判的行為としての読書こそ、ゲルマン的解釈者やシュトラウス派の読み手が受け入れられなかった読み方である。

しかしわれわれは彼らと別の仕方で読まなければならない。そのためには古典文献学的知識はもちろんのこと、彼らが好まない分析的で論理的な思考、そして彼らの敵であった実証的で歴史的な知が重要な武器となる。そのような知も、パイデイア＝フマニタスの、そして人文学知の重要な一環なのだ。

プラトンの著作は、「批判と変革の哲学」を提示し、さまざまな仕方で、人を考えさせ、そして動かすようにはたらきかける力をもっている。だからこそわれわれは、そこに響く複数の声も聴きつつ、自分自身の読み方についても、そしてプラトンが書いていることに対しても、批判的に考えながら読むことにしよう。そのように読むなら、プラトンはいぜんとして、ラディカルで、おもしろくて大切な哲学者である。

コラム3　イデア論をさらに考えるために

自己に対する批判的思考

プラトンは、自分自身に対しても、この言葉のもともとの意味——それぞれの主張の論拠や帰結を考察し事柄の是非を判別する——においてきわめて「批判的」(クリティカル)だった。つまり自己の主張に対しても点検と反省を怠らなかった。

このような局面は、プラトンが積極的に提示した見解や洞察に劣らず、重要である。それは、プラトンの哲学に理論的な深化を促しただけでなく、彼と大きく異なる考え方が開拓されるための大切な材料を提供した。つまりプラトンが展開した批判的考察は、のちの非プラトン的、あるいは反プラトン的な考え方に対しても重要な出発点だったのだ。

プラトンのそうした実践を、彼の哲学の根幹の一つであるイデア論に関して確認できる。

パルメニデスによる批判

最も著名で最も影響力が大きいプラトンの自己吟味的考察は、『パルメニデス』において展開されたイデア論批判である。この対話篇ではパルメニデスとそれを補佐する弟子のゼノンが登場し、若いソクラテスと対話する。パルメニデスとゼノンはともに「エレア派」と呼ばれ、すべてはただ「ある」のであり「あらぬものはあらぬ」といった命題からすべては一つであり多ではない、運動変化は不合理である、といった途方もない主張を、しかし論理的に論証して古代ギリシアの哲学の歴史に決定的な影響を与えた。その影響はプラトンにも顕著である。

この著作では、そのパルメニデスがイデア論を奉じるという若いソクラテスに手強い質問をいくつも浴びせるのに対して、ソクラテスは回答に窮し十分な応答をおこなうことができないでいる。つまりプラトンは、パルメニデスの問いかけをイデア論にとってそれだけ強力な批判として描き出している。事実、アリストテレスをはじめとする論者たちのイデア論への批判も、その多くは、ここで示された論点を継承したり展開したりしたものだった。そしてこの批判以後、プラトンはイデア論を放棄したと考える研究者も存在する。

パルメニデスが若いソクラテスに浴びせる質問は全部で六つある。それを大きく分類すれば、一つはイデアのあり方や身分にかかわるもので、たとえばイデアをある種の物体として表象したり観念として理解することとの妥当性を問う。もう一つは、イデアがそれを分有するものである感覚される事象の原因や根拠となるという、その関係を問う。

二つのタイプの問いはもちろん連動している。しかし理論的に興味深く、歴史的にもその後に大きな影響を及ぼしたのは、後者のイデア論と感覚される事象の関係をめぐる問題である。

イデア論の批判

具体的に見てみよう。代表的な批判は、イデアによる物事の説明が、イデアを限りなく措定することになる、つまり無限背進に陥ることを指摘するものだ。その議論を先の「分有」という用語を用いて言い直せば次のようになる。

イデア論とは、感覚される多くのものが同じ名前で呼ばれ共通する特性をもつという事態の原因根拠を示す理論である。たとえば、多くの（感覚される）ものが大きいなら、それらはすべて同一の〈大のイデア〉を分有するから大きいのである、というように。

だが、その〈大のイデア〉も大きい。つまり感覚される多数の大きなものと〈大のイデア〉は、ともに「大きい」という特性を共有している。するといまの論法に従えば、感覚対象である大きなものと〈大のイデア〉は、別の〈大のイデア〉（〈大のイデア^2〉としよう）を分有することになる。

明敏な読者はもうおわかりだろう。多数の大きなもの＋〈大のイデア〉に加えて、新たに登場した〈大のイデア^2〉も大きい。したがってそれらすべては再び別の〈大のイデア^3〉を分有する……というように、イデアに訴える説明はイデアを無限に立てることになる。

多くの大なるもの ← 大のイデア

↖ ↙

大のイデア^2

イデアと感覚対象の類似性

この批判のポイントは、〈大のイデア〉と多数の大きなものが「大きい」という点で共通する特性をもつと考えることだ。だから、〈大のイデア〉が「大きい」こともそれとは別の〈大のイデア^2〉を分有することによって説明されるのである。

しかし、とプラトンの読者なら、あるいはこの本をここまで辛抱強く読んできた方なら思うのではないか。――イデア論に従えば、感覚されるものの「大きい」という事態は〈大のイデア〉が「大きい」ということに「憧れているが及ばない」のであり、同じく「大きい」といっても、両者の間の相違や対比が強調されるべきだ。さらに、イデアが原物ないし範型でありそれに対応する感覚的事象がその似像である、という記述は、両者がまったく同じ性質をもつのではなく、類似しているにとどまることを告げているのではないか。

しかしこのような考え方を見越したように、パルメニデスは次のような質問を浴びせる。

パルメニデス　ある何かがイデアに似ているとすれば、まさに類似点に関するかぎり、そのイデアが、イデアに似ているところの当のものに似ていないということが、ありうるだろうか。そもそも、似ているものがその相手と類似し合わないなどということが、考えられるだろうか。

ソクラテス　考えられません。

パルメニデス　＊しかるに、互いに相似ているものがともに同じ一つのものを分有していることは、大いなる必然ではないか。

ソクラテス　必然です。

パルメニデス　また、類似するものがそれを分有することによって類似するところの、その当のものがイデアではないか。

ソクラテス　そのとおりです。

（『パルメニデス』132d-e）

この訳のようにプラトンが書いたとすると、パルメニデスは範型と似像のもつ性質はまったく同一でなく類似にとどまるとしても、類似しているかぎりは、ある共通性ないし同一の性質をもつことを主張していることになる。

なるほど肖像画「モナリザ」のモデルの婦人リザとの間には、形態や色など多くの類似点や共通の性質が見出されるだろう。そのように、イデアと感覚対象は共通の性質をもち、したがってその共通する性質の原因根拠である別のイデアを分有しなければならない――。

イデア論の正統的な擁護

しかし正統的なプラトン研究者たちは、このパルメニデスの批判はイデア論にとって有効ではないと主張しイデア論を擁護する。

モデルのリザと肖像画モナリザの場合、その間に類似性や共通性があるのは、絵が彼女をモデルに描いた像であるからだ。それなのに、モデルと肖像とをいわば対等に見比べたうえで共通する点を見出して、その共通する性質をモデルとも肖像とも異なる第三のものによって説明しようとするのは、的外れだろう。

イデアと対応する感覚的事象の場合も、同じように考えればよい。感覚対象としての多くの大きなものと〈大のイデア〉とは「大きい」という点で類似しているだろう。しかし両者が類似している原因根拠は、もう一つの〈大のイデア[2]〉によるのではなく、「多くの大きなものが〈大のイデア〉の似像だから」と説明されるべきなのである。

「似像」の問題性

ただし先ほど＊を付けた解釈上の鍵となる文は厄介な事情を抱えている。＊の文は、先の訳のような意味になるテキストが従来は多く採用されてきたが、プラトンはそう書かなかったかもしれないのだ。

洋の東西を問わず、古代から伝えられた著作には同じ箇所に異なるテキストの情報が存在することはごく普通のことであり、それが重要な解釈の相違を生むことも時に見られる現象である。プラトンの場合も、こうしたことは避けられない。つまりプラトンを本格的に読もうとするなら、どの写本を信頼するか、どのような校訂が適切かといった文献学的な課題も引き受けながら哲学的問題も考えなければならない。そしてこの場合、このテキストを伝える写本はどれも、先ほどの訳を与えるテキストとは異なっている。そしてその写本の読み方に従うと、イデア論に対する批判はもう少し深刻なものとなる。

このようにプラトンのテキストは、近現代の哲学者の書を読むときには必要のない労働を研究する者に要求する。だがここで同業者に内緒で告白するなら、私も含めて古代哲学の研究者たちは、研究上は多少ともマゾヒスティックな傾向にあるので、こうした困難を引き受けるのは、結構ワクワクする宿題でもある。ちょっとした語句の相違が、イデア論の成否を決めるかもしれないのだ。

そこで古代哲学研究の現場にかかわる、厄介ではあるが楽しい事情を案内するのもよいだろう。
さて、＊の文は写本通り読めば、次の＊＊のような意味になる。

パルメニデス　ある何かがイデアに似ているとすれば、まさに類似点に関するかぎり、そのイデアが、イデアに似ているところの当のものに似ていないということが、ありうるだろうか。そもそも、似ているものがその相手と類似し合わないなどということが、考えられるだろうか。

ソクラテス　考えられません。

パルメニデス　＊＊しかるに、互いに相似ているものがともに同じ一つのイデアを分有していることは、大いなる必然ではないか。

ソクラテス　必然です。

＊＊の読み方によると、「同じ一つのイデア」は〈類似のイデア〉を指すと解釈できる。つまり「互いに似ているものは〈類似のイデア〉を分有する」という主張である。すると、多くの大きなもの同士だけでなく多くの大きなものと〈大のイデア〉との間に類似関係（類似$_1$）が成立するなら、それは〈類似のイデア〉の分有によって説明されると考えられるだろう。

関係のイデア

それぞれのイデア、たとえば〈大のイデア〉は、それに対応する感覚的事象が「大きい」ことの原因根拠であるが、それは両者の関係が成立することの原因根拠ではないように思われる。モデルである女性リザの形は肖像画のモナリザの形がそうであることの原因根拠であるが、両者が似ていること、あるいは原物と像の関係にあることそれ自体の理由ではない。

他方でプラトンは、「等しい」「似ている」などの関係についても〈等しさのイデア〉〈類似のイデア〉を認めている。とすれば、感覚的事象とイデアとの「関係」もまた、その関係のイデアによって説明されねばならない。

すると感覚される「大きい」という事態と〈大のイデア〉とが類似していること（類似$_1$）の根拠が〈類似のイデア〉であるとすると、類似$_1$と〈類似のイデア〉との類似関係（類似^2）に対して根拠となるのは別の類似のイデア、すなわち〈類似のイデア^2〉ということになるのではないか。そしてその類似^{2}と〈類似のイデア^2〉との関係を説明するのはさらに別のイデア〈類似のイデア^3〉であり……

多くの大 ⬆ 大のイデア
類似$_1$ ⬆ 類似のイデア
類似$_2$ ⬆ 類似のイデア$_2$

この場合の問題の根は、感覚される多くのものとそれに対応するイデアとの間の何らかの「関係」を、その関係のイデアによって説明することそれ自体にある。この問題は、かりに多くの大と大のイデアとの間の関係がたんなる「類似」でなく「似像」であっても、「似像」も一つの「関係」として成立するかぎり、事情はかわらない。プラトンはこれにどのように対処しうるだろうか。あるいは古今のイデア論を奉じる人びとはどのように応答しうるであろうか。

もちろんこの問題に対しても理論的に応答することは可能である（私にも二つほど応答が思い浮かぶ）。だが、これは読者に考えてほしい。アリストテレスも、やはり感覚対象とイデアとの「関係」にその困難を見出しているが、『形而上学』ではイデア論の成立に至る経緯を彼独自の仕方で述べたあとに、次のように述べている。――「イデアの『分有』、あるいはイデアの『模倣』とは何であるのかということについて、彼らは結局共通の場での探求へと委ねたと言えよう」。

私もこの課題を、プラトンと読者との共通の場での探求に委ねることにしよう。

おわりに

プラトンの哲学について一通りの説明を終えたので、「はじめに」の最初に触れた地下鉄内の情景に戻ろう。

スマホを熱心に見る人びとがプラトンの描く「洞窟の比喩」の囚人のように見えたのはなぜなのだろうか。このことを、自己診断的に考えてみることができそうである。

地下鉄で見たのは、ほんのわずかな時間でも、自分の見たい、知りたい情報を求める昨今のわれわれの姿である。われわれは、そこから自分の見たい、知りたい情報を得て、その探索から逸脱することは少ない。このような閉じた循環的な認知の仕方が、洞窟のなかで影だけを見つめ、振り返ることさえしない囚人たちを連想させたのかもしれない。

もちろんそうしてスマホを通じて情報を得ることは、現代ではもはや不可欠な行為と感じる人も多いだろう。また、そうすることで多くの情報を得て、素早く対処し、人より抜きんでることもできる。それは、「洞窟の比喩」では、洞窟の壁に次々と映る影の進行をより多く記憶し、次に来る影を推測する能力にあたるだろうか。プラトンはそのような能力が、「世間」である洞窟内で、智慧として通用し賞賛されていることを認めている。

しかし、プラトンにとって、それはあくまで洞窟のなかの世界であり、われわれにはその外部に向けて、目を転じ、「魂を向け変える」可能性が与えられている。そしてそれを可能とするものがパイデイア、つまり教育・教養であった。それは歴史的にも概念的にも、フマニタス、つまり人文主義や人文学として継承されているものである。

親ナチス的論者やシュトラウス派の人びとも、プラトンからそれぞれ独自のパイデイア＝フマニタスを構想していた。このことを考えあわせるなら、地下鉄の光景からは、「魂を向け変える」べき人文学はいま何をなしうるのか、という課題も見えてくるだろう。

この本を書くに至った経緯は「はじめに」に書いたとおりで、とくに「おわりに」であれこれと懐古すべきことはない。ただし、最終的に「はじめに」から削ったことがあるので、ここで触れておきたい。

執筆の動機の一つには、哲学に関心がある人びとがプラトンに対してあまり興味がなくなってきてはいないか、とくにその哲学に対する理論的関心が薄れてきているのではないか、という懸念があった。プラトンに学んだ弟子のアリストテレスは、現在でも、哲学のさまざまな分野――形而上学、心の哲学、倫理学や政治哲学など――で、真剣な対話の相手として考えられている。自らアリストテレス主義者だと名乗る論者も少なくない。これに比べると、プラトンの場合は、たとえばイデア論にしても魂の理論にしても、プラトンの専門的研究者の間の熱心なやりとりを別とすれば、議論は少し淋しい状況ではないか。

もちろんこれは私の思い過ごしかもしれない。おそらくプラトンの支持者たちは大いに反論したいだろう。だが、ともかくこんな想いがあったために、本書のなかでも、イデア論は普遍や個をめぐる分析形而上学的考察にどのような意味があるのか、プラトンの魂の理論は現代の心の哲学に何を貢献しうるのか、といった、より理論的なことに触れようと思っていた。私にはそうした議論のほうが性にあっているからだが、それはプラトンの後期著作でのより分析的な考察を論じることとともに、断念した（後期著作でのプラトン哲学の動向については、藤澤令夫『プラトンの哲学』が明晰な見通しを与えている）。

そうする以前に、倫理学と政治批判と教育の理論と形而上学が一緒に論じられているような哲学、「善」や「美」がそのどれにも登場するような哲学がどのようなものであるのかをたどってみること、これがプラトンの理解のためにまず必要だと考えたからである。

新書の執筆の勧めを講談社現代新書の米沢勇基さんからいただいてから、はっきり記せないほど時間が経過している。そうなってしまったのは、もちろん私の怠慢による。プラトンについては、私は三年に一度ほどの周期で概論的な講義をおこなっており、あれこれの場で多少とも書いてもいるので、それを基本に短くまとめればよいと思っていた。しかし入門書という制約と限られた紙幅のなかで、そうした材料から何を選び何を捨てるのか、どんな順序で論じるのかをあれこれと考えて、予想外に時間がかかった。そのぶん、工夫し、手間暇もかけたつもりである。最終的に何とかまとまったのは、執筆のきっかけをつくるだけでなく、その間も忍耐強く待ってくださった米沢さんのおかげであることを感謝とともに記しておきたい。

大学の講義で話したことにはかなり変形が施されたが、もしもこの本のなかでそれなりにうまく説明できているところがあるとすれば、講義中にもっとわかりやすくならないのかと非難がましい視線を送ってくれた学生諸君のおかげである。歴代の聴講学生にお礼を述べたい。

また、この本の初期の草稿については前田麻美さん、最後のころの原稿については丁寧に足立恵理子さんに目を通していただき、その感想と誤字脱字の指摘はたいへん参考になった。どうもありがとう。

講談社現代新書　2618

はじめてのプラトン　批判《ひはん》と変革《へんかく》の哲学《てつがく》

二〇二一年五月二〇日第一刷発行

著　者　中畑正志《なかはたまさし》　

発行者　鈴木章一
発行所　株式会社講談社
東京都文京区音羽二丁目一二—二一　郵便番号一一二—八〇〇一
電　話　〇三—五三九五—三五二一　編集（現代新書）
〇三—五三九五—四四一五　販売
〇三—五三九五—三六一五　業務
装幀者　中島英樹
印刷所　株式会社新藤慶昌堂
製本所　株式会社国宝社
定価はカバーに表示してあります　Printed in Japan

N.D.C. 131　254p　18cm
ISBN978-4-06-523733-5

「講談社現代新書」の刊行にあたって

教養は万人が身をもって養い創造すべきものであって、一部の専門家の占有物として、ただ一方的に人々の手もとに配布され伝達されうるものではありません。

しかし、不幸にしてわが国の現状では、教養の重要な養いとなるべき書物は、ほとんど講壇からの天下りや単なる解説に終始し、知識技術を真剣に希求する青少年・学生・一般民衆の根本的な疑問や興味は、けっして十分に答えられ、解きほぐされ、手引きされることがありません。万人の内奥から発した真正の教養への芽ばえが、こうして放置され、むなしく滅びさる運命にゆだねられているのです。

このことは、中・高校だけで教育をおわる人々の成長をはばんでいるだけでなく、大学に進んだり、インテリと目されたりする人々の精神力の健康さえもむしばみ、わが国の文化の実質をまことに脆弱なものにしています。単なる博識以上の根強い思索力・判断力、および確かな技術にささえられた教養を必要とする日本の将来にとって、これは真剣に憂慮されなければならない事態であるといわなければなりません。

わたしたちの「講談社現代新書」は、この事態の克服を意図して計画されたものです。これによってわたしたちは、講壇からの天下りでもなく、単なる解説書でもない、もっぱら万人の魂に生ずる初発的かつ根本的な問題をとらえ、掘り起こし、手引きし、しかも最新の知識への展望を万人に確立させる書物を、新しく世の中に送り出したいと念願しています。

わたしたちは、創業以来民衆を対象とする啓蒙の仕事に専心してきた講談社にとって、これこそもっともふさわしい課題であり、伝統ある出版社としての義務でもあると考えているのです。

一九六四年四月　野間省一